ÁRVORES
nativas do
BRASIL

Volume 2

Copyright © Silvestre Silva, 2015
Todos os direitos reservados para

Editora Europa
Rua Alvarenga, 1416 – CEP 05509-003 – São Paulo, SP
Telefone (11) 3038-5050
sac@europanet.com.br
www.europanet.com.br

Editor e Publisher	Aydano Roriz
Diretor Executivo	Luiz Siqueira
Diretor Editorial	Roberto Araújo
Autor	Silvestre Silva
Editora	Gabi Bastos
Redação dos textos	Silvestre Silva e Gabi Bastos
Revisão de texto	Eliane Domaneschi
Edição de arte	Leticia Ruggiero Corsi Nunes
Digitalização de imagens	Andréa Gomes
Consultoria botânica	Valerio Romahn

Dados Internacionais de Catalogação na Publicação (CIP)
(Daniela Momozaki – CRB8/7714)

Silva, Silvestre

Árvores nativas do Brasil: volume 2 / Silvestre Silva -- São Paulo : Editora Europa, 2014 (Biblioteca Natureza).

ISBN: 978-85-7960-266-5

1.Árvores - Brasil I.Título II. Silva, Silvestre

CDD 634.0981

Índice para o catálogo sistemático
1.Árvores : Brasil : 634.0981

Comercial
Fabiana Lopes - fabiana@europanet.com.br - (11) 3038-5058

Promoção
Aida Lima - aida@europanet.com.br - (11) 3038-5118

Um homem da natureza

Definitivamente Silvestre Silva é um homem da natureza. Tem fala mansa de contador de casos, cabelos grisalhos de quem perdeu a pressa, pernas dispostas a subir e descer muitos e muitos morros só porque ouviu falar de uma árvore que ele procura há muitos anos.

Difícil encontrar alguém que conheça mais árvores brasileiras do que Silvestre. Se você falar em eritrina, vai correr o risco de não ser entendido de pronto por ele. Eritrina qual? – é quase certo que ele vai perguntar.

É que há muitos anos Silvestre corre o Brasil de norte a sul e de sul a norte fotografando todas as espécies de eritrina que encontra. Esse é um assunto para mais de hora de conversa, e é certo que ele vai te contar que o grande Euclides da Cunha, no seu livro *Os Sertões*, já falava da eritrina, no caso a *Erythrina velutina*, que floresce na caatinga quando tudo está seco. Bonito demais.

Este é só um exemplo. Neste segundo volume de **Árvores Nativas do Brasil**, você vai encontrar as árvores mais fascinantes, várias de que certamente nunca ouviu falar, mas que na prosa e nas fotos de Silvestre Silva logo se tornarão também suas boas amigas.

Roberto Araújo
Editor

Os biomas do Brasil

Foi sorte minha ter decidido percorrer o Brasil para registrar não só as inúmeras árvores que habitam o país como também a relação socioecológica delas com a população da região que habitam. Foram mais de 40 anos de trabalho e inúmeras viagens pelos cinco grandes biomas brasileiros: Floresta Amazônica, cerrado, caatinga, Mata Atlântica e Pantanal. Locais bem diferentes uns do outros, mas surpreendentes, cada um à sua maneira.

Na **Amazônia** tudo provoca admiração. O interior da grande floresta é como uma estufa permanentemente quente e úmida, com profusões de cores e de formatos de flores, frutos e sementes. Curiosamente, na **Amazônia** existem espécies que se desenvolvem somente de um lado do Rio Negro e outras que margeiam apenas o Rio Solimões. Há sementes que demoram mais de um ano para germinar e outras que brotam em poucos dias, ainda dentro do fruto caído na serapilheira.

Na **Amazônia**, os mateiros e outros observadores da natureza afirmam que quanto maior é a árvore menor é a flor. De fato é possível conferir isso quando se encontram espécies como o mogno, a sumaúma e tantas outras. Mas há exceções: a sapucaia e a castanheira são altas e têm grandes flores.

Na **caatinga** é diferente. O hábitat se modifica totalmente da época de seca para a época de chuva. Por conta disso, a vida lá não é fácil. O escritor Euclides da Cunha relata em *Os Sertões* como é o homem que vive nesse ambiente no período em que não chove. "...a caatinga o afoga; abrevia-lhe o olhar; agride-o e estonteia-o; enlaça-o na trama espinescente e não o atrai; repulsa-o com as folhas urticantes, com o espinho, com os gravetos estalados em lança; e desdobra-se-lhe na frente léguas e léguas, imutável no aspecto desolado: árvores sem folhas de galhos estorcidos e secos, revoltos, entrecruzados, apontando rijamente no espaço ou estirando-se flexuosos pelo solo, lembrando um bracejar imenso, de tortura, da flora agonizante...".

Mas basta uma chuva torrente na **caatinga** para, em poucos dias, a mísera paisagem se modificar. As folhas brotam num repente, encobrindo muitos dos espinhos das árvores, os capins vicejam e as flores, aos poucos, aparecem. O sertanejo diz: é que nem tanajura, chega uma atrás da outra!

O **cerrado** é outro bioma interessantíssimo. É o segundo maior do Brasil. Mas dos seus 2 milhões de km² de vegetação restam apenas 20%. O **cerrado** tem recursos hídricos incontáveis – ao contrário do que a maioria pensa –, uma fauna riquíssima e mais de 10 mil espécies vegetais de características diferenciadas. A árvore do pequi é uma das maiores representantes do **cerrado**. Arrisco dizer que a culinária de Goiânia não seria nada sem seus frutos. Nessa região, existe até o ditado: " Pé de pequi não tem dono, é de quem chegar primeiro".

Ver o **cerrado**, literalmente, pegar fogo durante o inverno não é raro. E a queimada acontece, comprovadamente, por mais de um motivo. Pode ser provocada pelo homem, para ativar os capins novos, começar porque um incauto esqueceu um caco de vidro em algum lugar ou ser causada por um raio. De qualquer maneira, poucos dias após o fogo se apagar, a flora do cerrado parece despertar. As gramíneas rebrotam rapidamente, as folhas surgem vestindo de cor as árvores de galhos retorcidos – típicas do bioma. Mas, se algumas espécies se regeneram rapidamente, outras

Silvestre Silva ao pôr do sol na Serra da Moeda, em Minas Gerais

Foto: Andréa Gomes

não têm esse poder e se perdem com o fogo ateado sem controle. A pera-do-campo, citada pelo escritor Guimarães Rosa em *Grande Sertão: Veredas*, é um bom exemplo. Mas a ela podem se reunir outras espécies: lixa-do-cerrado, pequi, caviúna-do-cerrado e os ipês-do-cerrado.

A **Mata Atlântica** é extraordinária. Uma explosão de vida. O bioma abrange toda a faixa litorânea do Sul ao Nordeste do Brasil. Mas, assim como o cerrado, já foi amplamente destruída. Hoje existe apenas 8% de sua cobertura natural. A maior faixa continuada de **Mata Atlântica** está no estado de São Paulo. Em contrapartida, basta um sobrevoo entre Recife e Maceió para avistar na beira-mar quilômetros e quilômetros de canaviais ocupando espaço da nossa outrora exuberante Mata. Entre as espécies extintas do bioma estão árvores importantes como a guarajuba, explorada pela qualidade de sua madeira.

Belo, colorido e povoado por espécies vegetais e animais encantadora é o **Pantanal** brasileiro. O bioma tem um sistema de cheias periódico que permite que espécies típicas de matas de terra firme, de áreas alagadas, dos cerrados, dos cerradões e das restingas convivam harmoniosamente.

Um dos aspectos mais fascinante de explorar os biomas brasileiros é perceber como as árvores se dispersam e se adaptam a diferentes tipos de clima e hábitat. Dois bons exemplos são o jatobá e o angicó-rajado. No cerrado, o jatobá fica com porte menor, é tortuoso e tem folhas duras e casca grossa para suportar a seca. Na Amazônia, ele cresce retilíneo em busca de luz no dossel da floresta. Já na Mata Atlântica, a árvore não cresce tanto, mas sua copa se espalha por uma grande área. O tamanho do fruto do jatobá também varia de um bioma para outro. O angicó-rajado (foto) é outra espécie que se adaptou a quase todo o Brasil. E, curiosamente, na Mata Atlântica de Pernambuco até a Bahia existem conhecidas espécies amazônicas, como a faveira-grande, o visgueiro e o pequiá.

A natureza é uma sobrevivente.

Silvestre Silva

D

Dalbergia nigra
Jacarandá-da-bahia, jacarandá-preto, caviúna, cabiúna, jacarandá-caviúna

Família *Fabaceae*

O lenho de alta durabilidade e preto – às vezes, com manchas rosadas – desta árvore era muito utilizado na produção de instrumentos musicais, móveis de luxo, tacos, entre outros produtos nobres. Tanto que o jacarandá-da-bahia consta como vulnerável na lista de espécies ameaçadas de extinção e só é encontrado com facilidade em reservas particulares, parques nacionais e jardins botânicos.

Nativo da Mata Atlântica da Bahia até São Paulo, este jacarandá mede até 35 m de altura, tem tronco reto ou tortuoso, de cerca de 70 cm de diâmetro, recoberto por casca cinza-grafite descamante. A copa é aberta e, nos grandes exemplares, pequena em relação ao porte. As folhas são alternas, compostas, paripinadas, com 10 a 20 folíolos ovalados, lisos, de cerca de 2,5 cm de comprimento por 1 cm de largura.

As inflorescências do tipo panícula da árvore surgem entre setembro e dezembro, nas axilares dos ramos, quando a copa está caduca, o que destaca a delicadeza das pequenas flores, branco-amareladas, hermafroditas e de perfume característico. Mas a floração é irregular. A espécie pode florescer intensamente em um ano e no outro apresentar uma florada mirrada. Os frutos começam a amadurecer a partir de agosto e são vagens marrons, de tamanho variável – as maiores chegam a medir 8 cm de comprimento por 2,5 cm de largura - com apenas uma semente achatada, também marrom, de 1 cm de comprimento.

A taxa de germinação das sementes é de cerca de 70% e a ocorrência leva de três a seis meses. O plantio deve ocorrer em local de meia-sombra, com regas constantes no período de desenvolvimento da muda. O crescimento no campo é lento.

Devido à cor preta e à durabilidade, a madeira da árvore era muito utilizada para compor altares. A folhagem é delicada e formada por até 20 folíolos. Os frutos nascem verdes e se tornam marrons quando amadurecem

O jacarandá-da-bahia é nativo da Mata Atlântica, mede até 35 m de altura e corre o risco de extinção

Didymopanax morototoni

Morototó, mandioqueira, mandioqueira-branca, mandiocão, mandiocaí, mandiocaim, pau-mandioca, pau-caixeta, pau-de-são-josé, caixeta, matataúba, marupaúba, mucutuba, mucututu, pé-de-galinha, pixixica, sambacuim

Família *Araliacea*

No Brasil, a região de maior dispersão desta espécie é a Amazônia, onde ela forma agrupamentos e é explorada de forma sustentável pelos indígenas e povos da floresta, que a chamam de morototó. Mas a árvore também é encontrada no Nordeste, em países vizinhos – Argentina, Bolívia, Peru, Venezuela, Guianas, Equador, Paraguai – e na América Central. Tamanha abrangência lhe rendeu outros nomes populares, como pixixica, pau-de-são-josé, entre outros.

O porte da espécie varia de 10 m a 30 m, conforme a região que vegeta. O tronco exsuda seiva clara e pegajosa quando cortado e é liso, retilíneo, com 60 cm a 90 cm de diâmetro, madeira amarelada e casca cinza. A copa é arredondada e tem folhagem apenas nas pontas dos ramos. As folhas são palmadas e formadas por até 15 folíolos de cerca de 40 cm de comprimento por 18 cm de largura. A semelhança dessas folhas com as da mandioca rendeu à espécie os nomes populares mandiocaí, mandiocaim e mandioqueira.

As flores do morocotó surgem em cachos, de até 20 cm de comprimento, nas axilas dos ramos e são pequenas, pentâmeras – com cinco pétalas –, hermafroditas e muito melíferas. Os frutos se agrupam ao longo das hastes florais e são pequenos, verde-amarelados quando nascem e preto-azulados na maturação. Ao se abrirem naturalmente, os frutos expelem sementes pequenas, achatadas, cor de creme e lisas, de formato variável. Elas são valiosas para os povos amazônicos que as utilizam na produção, principalmente, de bolsas e bijuterias.

Os principais dispersores do morototó são os macacos e as aves. Na cultura, as sementes devem ser plantadas em até dois meses e levam cerca de 45 dias para brotar. A taxa de germinação é baixa – uma característica comum à maioria das árvores que produzem muitas sementes. Por isso, é mais comum multiplicar a espécie por estaquia. O crescimento da muda é rápido – um dos mais rápidos da floresta.

Pela rusticidade e elegância, a árvore devia ser melhor explorada no paisagismo. Ela também é conhecida pelo nome científico de *Schefflera morotoni*.

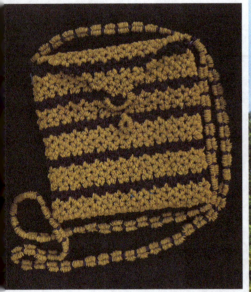

Índios e povos da Floresta Amazônica utilizam as sementes achatadas dos frutos da árvore para confeccionar bolsas, bijuterias e outros produtos

A folhas da árvore de até 14 m de altura parecem com as do barbatimão. As flores surgem em forma de espiga e os frutos têm uma substância rica em antioxidante

Dimorphandra gardneriana
Fava-de-anta, fava-d'anta, barbatimão-falso, faveiro, fava-mapuxiqui

Família *Fabaceae*

Delicada mas muito rústica, a fava-de-anta é nativa dos cerrados do Nordeste, Sudeste e Centro-Oeste. Mas também pode ser encontrada no Baixo Amazonas. É comum confundi-la com o barbatimão devido às semelhanças do formato da copa e da folhagem. Mas a fava-de-anta é maior, atinge entre 8 m e 14 m de altura, e suas flores e seus frutos são bem diferentes.

Como outras árvores do cerrado, a espécie tem muitos galhos e fuste curto, com 30 cm a 40 cm de diâmetro, que exsuda líquido espesso, amarelado-escuro, quando cortado. A casca é cinza, rugosa, fissurada e se desprende em placas pequenas que lembram cortiça. A casca é rica em tanino (substância que inibe o ataque de herbívoros e micro-organismos) e foi muito empregada para curtir couro. A copa da árvore é baixa, os ramos são espalhados e as folhas de 20 cm a 40 cm de comprimento são compostas por 5 a 8 pares de pinas, com 10 a 20 pares de folíolos arredondados.

A época de floração e de frutificação varia conforme a região. No Nordeste, a espécie floresce entre dezembro e março e frutifica entre junho e agosto. A inflorescência no formato de espiga é composta por flores de 4 cm a 6 cm de comprimento, hermafroditas, amarelas, com odor característico, que atrai borboletas, abelhas e vários outros insetos que colaboram na sua polinização. Os frutos são vagens marrom-escuras, rugosas, de extremidades arredondadas, com 8 cm a 15 cm de comprimento, por 3 cm a 4 cm de largura. Dos frutos é extraído uma substância química, chamada de bioflavonoides ou vitamina P, utilizada pela indústria farmacêutica e cosmética por ser rica em antioxidante.

Cada fruto possui de 10 a 21 sementes avermelhadas, alongadas e lisas, que podem ser armazenadas por um longo período e precisam ser escarificadas antes do plantio. Elas demoram até três meses para germinar e devem ser cultivadas sob sol pleno. O desenvolvimento da muda é lento.

Silvestre Silva

Existem diversos angelins-vermelhos em parques nacionais, reservas e propriedades particulares controladas, como o Projeto Jarí, em Monte Dourado (PA)

Dinizia excelsa
Angelim-vermelho, angelim-pedra

Família *Fabaceae*

Esta é uma das maiores árvores da Floresta Amazônica, daí o nome da espécie ser *excelsa*, que quer dizer: alto. Seu porte varia de 40 m a 60 m e seu tronco chega a medir mais de 2 m de diâmetro – há registros da árvore com mais de 4 m de diâmetro na base.

A espécie vive mais de 100 anos e, no Brasil, só habita áreas de terra firme dos estados do Acre, do Pará, de Rondônia e de Roraima. Mas ela também é encontrada no sul da República da Guiana. Seu fuste é retilíneo, cilíndrico e pode, ou não, desenvolver sapopemas. Ele é recoberto por casca marrom-avermelhada, que cai em grandes placas, o que facilita a identificação da espécie no interior da floresta. A madeira castanho-rósea é pesada e tem alto valor comercial, principalmente para a indústria da movelaria naval e da construção civil. Mas, se por um lado a madeira é muito resistente a insetos, por outro, é uma das mais atacadas por fungos da região amazônica. E isso só é percebido após a queda da árvore.

A copa do angelim-vermelho é pequena em relação ao seu tamanho, mas por ser bastante ramificada é vistosa. As folhas, de 13 cm a 45 cm de comprimento, são alternas e compostas por 6 a 10 pares de pina, de até 14 cm de comprimento, formadas por folíolos diminutos, com ponta arredondada. As inflorescências, na forma de espiga, surgem isoladas ou em pares, entre agosto e setembro, nas partes terminais dos ramos. Elas são compostas por pequenas flores branco-amareladas e perfumadas que podem ser hermafroditas ou unissexuadas. Os frutos são vagens com até 35 cm de comprimento, marrom-escuros quando maduros – entre dezembro e fevereiro – e se contorcem devido ao calor e à sua espessura fina. Eles se abrem naturalmente.

A taxa de germinação das sementes é de cerca de 60% e a ocorrência demora de 15 a 30 dias. O crescimento da muda no campo é lento. A regeneração natural do angelim-vermelho na floresta é moderada.

Já foram encontrados angelins-vermelhos com porte de 60 m e mais de 4 m de diâmetro de tronco. Hoje, a árvore é rara por ser muito explorada e não se regenerar facilmente

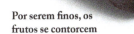

Por serem finos, os frutos se contorcem

Dipteryx alata

Baru, cumbaru, barujo, cumarurana, coco-feijão, pau-cumaru

Família *Fabaceae*

Nos cerrados e nas matas semidecíduas brasileiras é possível encontrar uma grande quantidade de baru. Ele é comum no Distrito Federal, em Goiás, em Minas Gerais, em São Paulo, no Maranhão, na Bahia, no Piauí, em Tocantins, no Mato Grosso e no Mato Grosso do Sul. Mas sua população diminui a cada ano em decorrência da devastação desses ecossistemas para o cultivo de monoculturas como soja, café, algodão, entre outras.

O baru é ramificado desde a base, mede entre 15 m e 25 m de altura e tem tronco com até 70 cm de diâmetro, de casca bege, levemente descamante. Seus galhos são longos e formam uma copa densa que proporciona uma boa sombra. Por isso, a árvore é aproveitada em pastagens.

As folhas da espécie são compostas de 7 a 12 folíolos avermelhados quando jovens, com 8 cm a 12 cm de comprimento. As flores se reúnem em panículas e são esbranquiçadas, com detalhe róseo. O formato delas lembra o da flor do feijão, daí um dos nomes populares da árvore ser coco-feijão. A época de florada, assim como de frutificação, varia conforme a região. No Sudeste e Centro-Oeste, a floração começa na primavera e a maturação dos frutos ocorre quase um ano depois.

Os frutos são ovalados, com entre 3 cm e 8 cm de diâmetro, marrons e com mesocarpo – polpa – lenhoso, o que os torna difíceis de abrir. Cada um contém uma semente marrom-clara e brilhante, de até 2,5 cm de comprimento, rica em proteínas, gorduras, fibras, carboidratos e minerais. Essa características as torna um dos superalimento do cerrado.

As castanhas – sementes – são colhidas de forma sustentável e ajudam a aumentar o rendimento familiar da população local. Elas podem ser consumidas *in natura*, torradas ou moídas e são cada vez mais utilizadas por chefes brasileiros para valorizar receitas sofisticadas. Nas comunidades do cerrado, a farinha de baru é utilizada em doces como paçoquinha e pé de moleque. O óleo das sementes também é aproveitado na culinária e nas indústrias farmacêutica e de cosméticos. Os frutos podem ser armazenados por até 3 anos, sem que as sementes percam seus valores nutricionais.

O baru tem vários dispersores, como morcego, roedores e outros animais que comem o fruto caído. Ele também é fonte de alimento para o gado, que na época da frutificação tem a pastagem do cerrado rala.

A propagação do baru é por sementes, que demoram cerca de 60 dias para brotar. A taxa de germinação é baixa. Por isso, recomenda-se retirar o endocarpo – a casca das sementes – antes do plantio, que pode ocorrer sob sol pleno ou meia-sombra. A primeira florada ocorre em cerca de 6 anos.

As folhas compostas medem até 12 cm de comprimento e nascem avermelhadas. O tronco é bege, rugoso e descama muito pouco

Os frutos ovalados surgem em penca e suas sementes, saborosas e ricas em nutrientes, são consideradas um superalimento do cerrado

É comum usar o baru em pastos. Ele proporciona sombra e seus frutos servem de alimento ao gado

D

Dipteryx odorata

Cumaru, cumaru-ferro, cumaruzeiro, cumaru-do-amazonas, cumaru-de-cheiro, cumaru-roxo, cumaru-verdadeiro, cumari, baunilha-da-amazônia

Família *Fabaceae*

Esta árvore frondosa chega a viver por mais de 100 anos. Ela é encontrada em matas de terra firme e em várzeas de toda a região amazônica, principalmente na parte localizada no Pará. Fora do Brasil, ela pode ser vista na Colômbia, na Guiana, na Guiana Francesa, em Honduras, na Bolívia, no Peru e na Venezuela. Sua madeira de lei, castanho-amarelada, é muito resistente a ataques de insetos e utilizada na construção naval e civil, em objetos de arte torneados e pela indústria da movelaria. Já seu óleo essencial – a cumarina – é usado pelas indústrias de cosméticos, e de alimento, como substituto da baunilha. Como é produzido por meio das sementes, o óleo fortalece a renda dos povos da floresta.

O cumaru é uma espécie de 20 m a 30 m de altura, com tronco de até 80 cm de diâmetro. Mas já foram registrados exemplares da espécie com porte de mais de 40 m e tronco que ultrapassava os 1,50 m de diâmetro. No seu hábitat, o fuste é retilíneo. No entanto, quando a árvore é cultivada, tende a ser curvo e apresentar muitas ramificações. A casca do fuste tem cerca de 3 cm de espessura e é utilizada para fins medicinais pelos homens da floresta. Quando ela envelhece, fica cinza-avermelhada e se desprende em camadas. Antigamente, no estado do Pará, pedaços do tronco eram esculpidos e transformados em batedores de açaí, parecidos com pilão.

A copa do cumaru é formada por folhas de 15 cm a 20 cm de comprimento, compostas de 3 a 5 pares de folíolos, com de 7 cm a 12 cm de comprimento, por 4 cm a 6 cm de largura. A florada ocorre quando termina a época de seca, o que varia conforme a região. As inflorescências, de eixo cor de ferrugem, recoberto por pelugem, são formadas por 80 a 120 flores pequenas e hermafroditas que atraem beija-flores, besouros e mariposas. Mas são as abelhas seus principais polinizadores. Os frutos amadurecem três meses após a floração.

Por serem indeiscentes, os frutos não se abrem naturalmente. Eles são ovalados, amarelo-esverdeados quando maduros e caem naturalmente quando secam. Para abri-los é necessário usar algum tipo de ferramenta, pois são muito duros. Cada um possui uma amêndoa comprida, de coloração marrom, quase negra, que, além de servir para a produção do óleo essencial, é utilizada em artesanatos pelos povos locais – tradição herdada dos indígenas. As sementes são muito perfumadas, por isso o nome da espécie é *odorata*.

A espécie se dispersa com a colaboração de diversos animais: morcego, roedores e animais que comem os frutos que caem no solo. Na floresta, a regeneração da espécie é considerada regular. No cultivo, as sementes demoram cerca de dois meses para brotar. O cumaru cresce rápido e sua primeira florada ocorre aos 5 anos.

As sementes são envolvidas por uma polpa dura, o que torna difícil abrir os frutos. Elas são utilizadas na confecção de biojoias, uma tradição herdada dos índios

A florada e frutificação ocorrem após a época de chuva, o que varia de uma região para a outra. As flores são róseas e atraem pássaros e beija-flores

No seu hábitat, o cumaru atinge 30 m de altura. No paisagismo, seu porte não ultrapassa os 8 m

No interior da Floresta Amazônica, uma árvore parecida com a *Dipteryx odorata* chama a atenção pelo porte e pela florada rosa. Trata-se da *Dipteryx magnífica*

A árvore é encontrada em vários estados brasileiros, mas sua regeneração natural é baixa e ela corre o risco de extinção

Os frutos nascem verdes e ficam vermelho cor de sangue quando amadurecem

Duguetia lanceolata
Pindaíba

Família *Annonaceae*

O nome popular da espécie, pindaíba, é bastante conhecido dos brasileiros por ter se transformado em sinônimo de "falta de dinheiro". A origem do termo tem duas versões. Uma se refere ao fato de os índios de antigamente utilizarem os ramos finos da árvore como arpão e voltarem apenas com a "pindaíba" na mão quando não conseguiam pescar nenhum peixe. Outra versão é que a expressão é uma alusão à polpa rala do fruto. Daí o ditado "a pessoa está na pindaíba" significar ter pouca polpa, pouco dinheiro.

É uma árvore de 10 m a 20 m de altura e até 60 cm de tronco, que é curto, retilíneo e recoberto por casca rugosa e acinzentada. Seu hábitat são as florestas semidecíduas de altitude da Mata Atlântica e do cerrado dos estados de Minas Gerais, do Rio Grande do Sul, do Mato Grosso e do Mato Grosso do Sul. Mas, apesar da sua ampla distribuição pelo Brasil, a frutífera é rara e consta como criticamente ameaçada de extinção. Um dos motivos é a sua baixa regeneração natural. Por isso, e, principalmente por sua beleza, vale plantar a árvore no jardim e ajudar a mudar essa situação.

As folhas da pindaíba medem de 5 cm a 10 cm de comprimento, são verde-escuras, simples, alternas, lisas e lanceoladas. Daí o nome científico da planta ser *lanceolata*, que quer dizer em forma de lança. Entre outubro e novembro, a árvore apresenta flores solitárias – o que é raro nas espécies do gênero –, grandes, avermelhadas, e andrógenas, muito vistosas.

Mas é de março a maio, quando frutifica, que a pindaíba fica mais bonita. Grandes e formados por um agrupamento denso de sementes, os frutos verdes ficam vermelho-sangue quando amadurecem. O gosto adocicado é bom, mas a quantidade de polpa é ínfima. Com a intenção de solucionar esse problema – mantendo a beleza dos frutos –, já foram feitas experiências de cruzar a pindaíba com outra espécie do gênero. Mas nenhum dos cruzamentos realizados até hoje deram certo.

A espécie se propaga por sementes que devem ser plantadas à sombra. A taxa de germinação é baixa e a ocorrência demora cerca de quatro meses. A muda pode ser plantada sob sol pleno ou meia-sombra. Folhas e cascas do tronco são usadas na medicina popular como anti-inflamatório.

Os frutos têm muitas sementes e pouca polpa. Mas são saborosos e muito bonitos

E

O uxi tem ramos desde a base e é uma das árvores mais produtivas da Floresta Amazônica. Todas as partes da planta são aproveitadas pelos povos locais

Endopleura uchi
Uxi, uxi-liso, uxi-amarelo, uxi-verdadeiro, uxi-pucu

Família *Humiriaceae*

Não à toa, as sementes do uxi são envolvidas por um endocarpo duro. Elas demoram de 300 a 1.050 dias para germinar (segundo experimento do pesquisador José Edmar Urano de Carvalho, da Embrapa Amazônia Oriental) e o endocarpo ajuda a protegê-las de predadores durante esse longo processo. Na Floresta Amazônica, da parte brasileira e da venezuelana, de onde o uxi é nativo, o clima quente e úmido, associado ao solo recoberto por uma camada de folhas secas e outros detritos que caem das árvores, proporcionam o ambiente ideal à germinação das sementes. No cultivo, a árvore costuma ser propagada por enxertia.

A espécie chega a atingir até 30 m de altura no seu hábitat. Mas em campo aberto, seu porte raramente alcança 10 m. Em ambos os casos, o tronco é retilíneo, de casca grossa, e os ramos são baixos, quase rentes ao solo, o que proporciona ao uxi um belo aspecto visual. As folhas pendentes e arroxeadas quando jovens são simples, alternas, coriáceas, com base cuneada e ápice acuminado. As flores surgem em panículas e são pequenas, branco-esverdeadas, levemente perfumadas e hermafroditas. No Pará, elas chegam a brotar duas vezes ao ano: na época de chuva, de janeiro a março, e, com mais intensidade, na época de seca, de junho a agosto. Os frutos são drupas ovais de 5 cm a 7 cm de largura, amarelo-pardos quando maduros, de polpa rala, amarelo-clara, farinácea e de aroma e sabor agradáveis. Por isso, eles são muito utilizados na culinária, principalmente a paraense. O caroço é duro, contém de uma a cinco sementes e é utilizado, cortado ao meio, na confecção de colares, que, segundo crenças locais, servem de amuleto para espantar o mau-olhado. Estudos concluídos por pesquisadores amazônicos já constataram que o uxi é uma das árvores mais produtivas da região. Isso porque ele se encaixa no grupo de plantas amazônicas de múltiplos usos. A madeira é de qualidade, os frutos são comestíveis, o óleo essencial é usado pela indústria farmacêutica e de cosméstico e a casca do tronco serve à medicina popular.

Na natureza, o uxi é dispersado pelos animais. No cultivo, é mais produzido por enxertia, que deve ser mantida sob sol pleno. Para produzir frutos, a espécie demora dez anos.

Florada e frutificação ocorrem mais de uma vez por ano. Os frutos têm polpa farinácea. As flores nascem em panículas e são esverdeadas. Já as folhas surgem arroxeadas

Silvestre Silva

Enterolobium contortisiliquum

Tamboril, tamboril-pardo, tamboril-do-campo, tamburiúva, tambor, tambaré, tamburé, timbaré, timburi, timbó, timbaúva, timbuiba, ximbó, orelha-de-macaco, orelha-de-negro, pau-de-sabão

Família *Fabaceae*

Esta árvore é muito ornamental e tem mais de 50 nomes populares, o que comprova sua grande dispersão pelo país. Ela é encontrada com frequência no Sul, no Sudeste e nos estados do Mato Grosso do Sul e do Mato Grosso, na região Centro-Oeste. Com menos frequência, pode ser vista no Nordeste, e nos estados do Pará e do Tocantins, na região Norte. Fora do Brasil, ela está na Argentina, na Bolívia, na Colômbia, no Paraguai, no Peru e no Uruguai.

Trata-se de uma espécie caducifólia, melífera, geralmente de tronco curto – na floresta, pode ser retilíneo – e galhos muito bem distribuídos que compõem uma copa arredondada e larga. O porte e as características da copa tornam o tamboril comum no paisagismo de grandes espaços urbanos, fazendas, clubes, estâncias, campos de golfe e áreas agrícolas de quase todo o país.

A espécie mede de 20 m a 40 m de altura e seu tronco pode chegar a ter 3 m de diâmetro na base, característica que permite

A árvore encontrada em grande parte do Brasil e em outros países das Américas é muito ornamental pelas flores, folhas e formato da copa

fazer cochos para o gado se alimentar e canoas com apenas um tronco da espécie. A casca do fuste é cinzenta, lisa, com grande quantidade de manchas principalmente em lugares úmidos. A madeira leve e macia é usada na produção de brinquedos, molduras para quadros, biombos, caixotes e esculturas.

As folhas da árvore medem cerca de 30 cm de comprimento e são compostas, alternas, bipinadas, com 3 a 7 pares de pinas e 8 a 23 pares de folíolos oblongos, de até 25 mm de comprimento, muito delicados. As inflorescências em forma de pompom têm de 10 a 20 flores hermafroditas, brancas e levemente perfumadas, o que atrai muitos insetos, principalmente as abelhas, seu principal polinizador. Da região Sudeste para baixo, a floração ocorre no começo da primavera e prorroga-se até meados de novembro. Os frutos surgem no inverno, com a árvore desprovida de folhas, e são vagens de 4 cm a 8 cm de diâmetro, negras quando maduras, com forma parecida com uma orelha. Daí alguns dos seus nomes populares, como orelha-de-macaco. Eles não se abrem naturalmente, têm polpa farinácea e até 12 sementes marrom-brilhantes, elipsoides e duras. Elas medem cerca de 1,5 cm de comprimento e precisam ser escarificadas e colocadas em água por 24 horas para germinar. O desenvolvimento da muda é rápido, principalmente quando ela é plantada próxima a rios, brejos e lagos.

Os frutos, bem como a casca da árvore, contêm saponina, que já foi bastante empregada para fazer sabão caseiro.

Silvestre Silva

As flores em forma de pompom do tamboril são brancas. Os frutos arredondados e negros surgem quando os galhos estão caducos. O tronco da árvore é recoberto por casca cinza que retém umidade

Um dos símbolos do Museu de Arte Contemporânea e Jardim Botânico Inhotim (Brumadinho, MG) é um tamboril de mais de 20 m de altura e formato escultural

As flores da candeia se reúnem na ponta dos ramos e são muito ornamentais. Já o tronco fica recoberto de líquens devido à umidade do seu hábitat

Eremanthus erythropappus
Candeia, pau-de-candeia, candeia-verdadeira

Família *Asteraceae*

A árvore de 3 m a 10 m de altura suporta frio e geada e é encontrada em solos pobres e arenosos de encostas de morro ou locais pedregosos de vários estados do Brasil. Isolada ou em grupo, ela pode ser apreciada em Minas Gerais, Bahia, Espírito Santo, Rio de Janeiro, Goiás, Rio Grande do Sul, Paraná e Distrito Federal. Mas é na Serra da Mantiqueira, ao sul de Minas Gerais, que a árvore é vista em maior quantidade. Essa ampla distribuição e rusticidade a tornam muito importante ecológica e botanicamente.

O tronco da candeia mede até 45 cm de diâmetro e é feito de madeira resistente, branca ou cor de creme, muito utilizada na produção de mourões – estacas subterrâneas – de cercas. A casca do tronco é grossa, repleta de fendas e rica em alfa bisabolol, uma substância utilizada em grande escala como anti-inflamatória, bactericida e cicatrizante pela indústria farmacêutica e de cosméticos.

A copa da espécie é aberta, com muitos galhos tortuosos, geralmente recobertos por líquens devido ao clima frio e úmido, quase que constante, da sua área de ocorrência. As folhas de cerca de 6 cm de comprimento por 2 cm de largura são lisas, verde-escuras na parte superior e branco-prateadas e aveludadas na inferior. Essas características, aliadas ao fato de as folhas liberarem um aroma típico quando maceradas, facilitam a identificação da espécie.

Quando floresce – de julho a agosto no Sudeste –, a candeia colore a paisagem de rosa-púrpuro. As flores são hermafroditas, perfumadas e se reúnem em grupo de até 30, sustentadas por um pendúculo longo, na parte terminal dos ramos. Dois ou três meses depois, os frutos amadurecem. Eles são pequenos, do tipo aquênio – secos e com sementes presas apenas por uma ponta à parede do fruto – com cerca de 2 mm de comprimento. A taxa de germinação das sementes é baixa. O crescimento da muda é rápido e a floração, precoce. As primeiras flores surgem a partir dos 3 anos de idade.

A candeia pode ser encontrada isolada ou em grupo, muitas vezes em encostas de morros, como os da Serra da Mantiqueira, em Minas Gerais

As espetaculares Erythrina

Existem diversas espécies de *Erythrina* no Brasil. Todas espetaculares. Elas são encontradas de forma descontínua do Nordeste ao Rio Grande do Sul. A origem do nome *Erythrina* é grega, vem de *erythros*, que dizer vermelho, e se refere à cor da florada das árvores. São espécies bem parecidas e com diversas características em comum, mas é possível distingui-las observando os detalhes. A *Erythrina mulungu*, por exemplo, é a única com casca grossa, parecida com cortiça. A menor das espécies é a *Erythrina speciosa*. Já a de porte maior é a *Erythrina falcata*, que chega a medir 35 m e tem tronco com mais de 1 m de diâmetro. A *Erythrina verna* é a única com folhas redondas e suas flores são ainda mais vermelhas do que as das outras. Outra característica que diferencia a *Erythrina verna* das demais é a cor dourada do interior dos seus frutos em forma de vagem.

Em comum, as *Erythrina* têm os espinhos e as folhas trifoliadas, embora esses elementos variem de tamanho e de forma conforme a espécie.

As *Erythrina* são árvores ornamentais com flores adoradas por beija-flores e outros passarinhos

A *Erythrina verna* (à esquerda) tem flores vermelho-sangue. A *Erythrina falcata* (acima) chega a medir 35 m de altura. Já a *Erytrina crista-galli* (abaixo) pode ter flores rosadas

E

Erythrina crista-galli

Crista-de-galo, corticeira, corticeira-do-banhado, coraleira, flor-de-coral, seibo, sananduva, samauveiro

Família *Fabaceae*

As flores medem até 5 cm e surgem na mesma época em que as folhas rebrotam

A árvore escultural e de florada espetacular é nativa, principalmente, do Sul do Brasil, onde ocorre em banhados, beiras de arroios, lagoas, terrenos brejosos e outras áreas bastante úmidas. Já foi amplamente explorada pela qualidade leve de sua madeira. Por isso, seu corte é proibido no Rio Grande do Sul, pelo Código Florestal, Decreto Lei 9.519 de 1992, Art. 33.

Típica de clima subtropical, a crista-de-galo tolera frio intenso e ocasionalmente é encontrada nas serras do Nordeste e do Sudeste. Fora do país, ela habita o Uruguai, o Paraguaí e a Argentina, onde é considerada símbolo nacional e da fertilidade. Trata-se de uma árvore de 4 m a 15 m de altura e fuste com entre 40 cm e 80 cm de diâmetro, curto, dividido e com galhos tortuosos e grossos que formam uma copa larga, arredondada e muito harmoniosa. As folhas têm pecíolo longo, medem de 6 cm a 10 cm de comprimento por 4 cm a 8 cm de largura, e são trifoliadas, lisas, com nervuras aparentes, verdes na parte superior e esbranquiçadas na inferior. Elas caem no inverno, evidenciando o formato escultural da árvore.

Na primavera, quando as folhas rebrotam, ocorre a florada, considerada uma das mais belas da natureza. Vermelhas, rosadas e raramente brancas, as inflorescências surgem isoladas ou em grupo na parte terminal dos ramos novos e são compostas por flores carnosas, de aproximadamente 5 cm de comprimento, hermafroditas. Elas duram cerca de 6 dias e são muito procuradas por abelhas, borboletas, moscas, formigas, besouros, beija-flores e outras variedades de pássaros.

Os frutos são vagens pendentes, estreitas, cônicas e curvas, de cerca de 20 cm de comprimento, amarelados quando imaturos e castanho-escuros, quase negros, ao amadurecerem. Apesar de compridas, as vagens têm poucas sementes escuras e pintalgadas – parecidas com feijão –, que são pouco viáveis, o que prejudica a regeneração natural da espécie no seu hábitat.

A crista-de-galo pode ser propagada por sementes, plantadas sob meia-sombra e regadas todos os dias. A germinação demora até 15 dias. A multiplicação por estaquia é relativamente nova, mas tem tido sucesso. De uma maneria ou de outra, a planta deve ser cultivada sob sol pleno e o desenvolvimento é lento.

A árvore tem aspecto harmonioso quando está com folhas. Quando caduca, ela mostra seus galhos esculturais

A *Erythrina crista-galli* é símbolo nacional da Argentina e ornamenta muitos parques públicos do país. No Brasil, ela habita o Sul e o Sudeste

Em jardins a *Erythrina crista-galli* mede entre 4 m e 5 m de altura. Mas em seu no hábitat, seu porte chega a 15 m

É mais comum encontrar exemplares de flores vermelhas. Mas há variedades da espécie de flores rosadas e quase brancas

E

Erythrina falcata

Bico-de-papagaio, bico-de-arara, canivete, eritrina, corticeira, corticeira-da-serra, sapatinho-de-judeu, mulungu, sanandu

Família *Fabaceae*

Encontrada do Sudeste até o Mato Grosso do Sul, a árvore é a mais alta do gênero. Seu porte varia de 15 m a 35 m e o tronco chega a atingir 1 m de diâmetro. O fuste tem casca marrom-clara, fissurada e se abre em uma ampla copa que proporciona uma excelente área sombreada. Tais características tornam a espécie ideal para o paisagismo de grandes espaços. Ainda mais porque ela apresenta uma bela florada no segundo semestre, quando está semicaduca.

Consideradas pequenas quando comparadas com as das outras espécies do gênero, as folhas são compostas por três folíolos lisos e duros, com estria central aparente e ápice acuminado. Quando a folhagem cai parcialmente, surgem as flores levemente curvadas, vermelhas cor de sangue, com detalhe branco, reunidas em panículas pendentes na ponta dos ramos. Por serem carnosas, as flores são uma importante fonte de alimento para papagaios, araras e outras aves. E, quando caem no chão, também são apreciadas por outros animais.

Os frutos da crista-de-papagaio são vagens achatadas, com cerca de 20 cm de comprimento por 3 cm de largura, negras quando maduras, e com saliências que demarcam de 4 a 8 sementes. Entre as *Erythrinas*, essa espécie é a única que apresenta sementes arredondadas. Elas são pintalgadas e germinam fácil e rapidamente, entre 15 e 60 dias. O cultivo deve ocorrer sob sol pleno.

O bico-de-papagaio é a espécie mais alta do gênero. Mas seu tronco é curto, quer dizer, a copa começa a poucos metros do solo

Erythrina mulungu

Mulungu, mulungu-coral, canivete, eritrina, capa-homem, suína

Família *Fabaceae*

Diferentemente das outras eritrinas, o mulungu não é encontrado no Nordeste. Ele habita apenas a região Sudeste, Sul e Centro-Oeste, até o Mato Grosso do Sul. É uma árvore de 10 m a 14 m de altura e tronco curto, com cerca de 50 cm de diâmetro, recoberto por uma camada de casca grossa, que parece cortiça – única espécie do gênero com essa característica.

O fuste da árvore se ramifica em muitos galhos formando uma copa ampla e muitas vezes baixa. As folhas medem de 7 cm a 10 cm de diâmetro, são ovaladas e apresentam uma estria central aparente e amarelada. O pecíolo delas é curto. As flores são mais alaranjadas do que vermelhas e atraem diversos pássaros, como periquitos, papagaios, cambacicas, entre outros, que as procuram para obter alimentos, especialmente o néctar.

Os frutos são vagens negras quando maduras, de ponta estreita, parte central cônica e interior amarelado. Quando abertas, as vagens ficam com formato de uma canoa e expõem de 1 a 3 sementes – a menor quantidade entre as *Erythrina* – marrom pintalgadas, semelhantes às do feijão.

A reprodução da espécie pode ser feita por estaquia ou por sementes, que demoram menos de um mês para germinarem. A taxa de germinação é de cerca de 80%. O cultivo deve ocorrer sob sol pleno e o crescimento da planta é moderado.

O mulungu se difere das outras *Erythrina* pela casca do tipo cortiça, pelas flores alaranjadas e pelo número de sementes das vagens

E

Entre as espécies do gênero, as sementes da *Erythrina speciosa* são as mais viáveis

Erythrina speciosa
Eritrina, candelabro, eritrina-candelabro, mulungu, mulungu-do-litoral

Família *Fabaceae*

Nas regiões Sul e Sudeste, a árvore é encontrada em grande quantidade nas florestas pluviais de restingas da Mata Atlântica e, também, em projetos paisagísticos devido à beleza da sua florada e o porte reduzido – de 3 m a 10 m de altura. Suas inflorescências são vermelho cor de sangue e surgem em grande quantidade quando a árvore perde as folhas no inverno e mostra sua copa ampla e escultural. As flores são adoradas por pássaros, principalmente cambacicas. Há exemplares raros de flores brancas e amareladas.

A *Erythrina speciosa* é uma espécie primária, espinhenta, com tronco de 15 cm a 30 cm de diâmetro, de casca acinzentada e manchada. As folhas são compostas por três folíolos – como as demais espécies – e, antes de caírem, elas ficam amareladas. Os frutos são vagens de até 26 cm de comprimento, cilíndricas, estreitas, marrons – quase pretas – quando amadurecem, geralmente no verão. As vagens se abrem naturalmente, expondo sementes do formato de feijão, marrons pintalgadas. Entre as *Erythrina*, a candelabro é a que apresenta mais sementes viáveis. A germinação e o crescimento da muda são rápidos. A propagação também pode ser feita por estaquia, sob meia-sombra.

O nome popular eritrina-candelabro é uma referência ao formato das inflorescências

Erythrina velutina

Mulungu-da-flor-vermelha, mulungu, bacuré, muchoco, mulungá, suína, canivete

Família *Fabaceae*

Na caatinga brasileira, o mulungo-da-flor-vermelha floresce quando quase tudo ao seu redor está seco, o que destaca ainda mais suas flores no céu azul do semiárido. A árvore é encontrada em todos os estados do Nordeste e do Norte. No Centro-Oeste, pode ser vista na divisa de Minas Gerais com a Bahia, e no Sudeste, em florestas semidecíduas.

A espécie mede até 15 m de altura e tem tronco curto, de 40 cm a 80 cm de diâmetro, com bifurcações próximas do solo e casca lisa, áspera e repleta de espinhos. A copa ampla é formada por muitos galhos e por folhas trifoliadas, em formato de coração, com 6 cm a 14 cm de comprimento. A folhagem é levemente pilosa, verde-escura na parte superior e verde-clara, na inferior.

A época da floração varia conforme o índice pluviométrico das regiões: em Minas Gerais, acontece entre julho e agosto; em São Paulo e no Rio de Janeiro, de agosto a novembro; na Bahia e em Pernambuco, de outubro a novembro; no Ceará, de janeiro a março; em Sergipe, de novembro a dezembro. As flores, que na verdade são vermelho-alaranjadas – ou brancas, em uma variedade rara –, desenvolvem-se em fascículos axilares e medem de 12 cm a 20 cm de comprimento. Como nas outras espécies do gênero, elas são hermafroditas e atraem beija-flores, abelhas, mamangavas e inúmeros pássaros que vão à procura de alimento.

Os frutos amadurecem cinco meses após a floração. Eles são pequenas vagens pendentes, levemente curvas e recobertas por fina pelugem. Por isso, o nome da espécie ser *velutina*, que significa veludo. Cada vagem contém de 1 a 3 sementes, vermelho-amarronzadas, parecidas com grandes feijões. A taxa de germinação das sementes varia de 30% a 90%, dependendo da região de cultivo, e a ocorrência se dá em até 18 dias. No entanto, é mais recomendado multiplicar a espécie por estaquia. O cultivo deve ocorrer sob sol pleno e o crescimento da muda é rápido.

Como a espécie tem espinhos, é comum vê-la compondo cercas vivas no Nordeste

O escritor Euclides da Cunha observou a *Erythrina velutina* durante o tempo em que viajou pelo sertão baiano para acompanhar a Guerra de Canudos (1896-1897). Ele relatou no livro *Os Sertões*: "Sucedem-se manhãs sem par, em que o irradiar do levante incendido retinge a púrpura das eritrinas..."

E

Antigamente, o tronco da *Erythrina velutina* era transformado em carrancas para serem fixadas na frente dos barcos da região do Rio São Francisco. Os barqueiros acreditavam que elas ajudavam a abrir caminhos pela água e espantavam o mau-olhado. Também era comum utilizar flores e cascas do tronco da árvore como tinta para tingir tecidos de amarelo-claro. Na época das grandes produções de cacau, ela era usada para sombrear os pés da planta no sul da Bahia

Existe uma variedade de *Erythrina velutina* de flores brancas. É raro encontrá-la. Essa foi retratada no Jardim Botânico do Instituto Agronômico de Campinas, em São Paulo. Ela foi cultivada pelo engenheiro agrônomo e pesquisador Dr. Hermes Moreira de Souza

E

Erythrina verna
Mulungu-coral, mulungu, suína

Família *Fabaceae*

Muitos consideram a florada do mulungu-coral a mais bela do gênero. As flores são vermelho cor de sangue e surgem nas pontas dos ramos quando a árvore está desprovida de folhas. Por serem carnudas e ricas em néctar, as flores servem de alimento a borboletas, abelhas, beija-flores, cambacicas, periquitos e outros pássaros e animais, como macacos.

É uma espécie nativa do sul da Bahia, do Espírito Santo, de Minas Gerais e, especialmente, das encostas de Mata Atlântica do Rio de Janeiro e do Vale do Paraíba, em São Paulo. Ela mede de 10 m a 20 m de altura e tem tronco com até 70 cm de diâmetro, de casca lisa, parda, com estrias amareladas e espinhos. A copa é rala, mas elegante.

O mulungu-coral é a única *Erythrina* com folhas completamente redondas. Elas medem de 8 cm a 10 cm de diâmetro e são lisas, com pecíolo curto e nervuras aparentes. A linha central é amarelada. Os frutos são vagens pequenas – as menores do gênero – que ficam negras à medida que amadurecem. Quando se abrem naturalmente, as vagens expõem a parte interna dourada-brilhante e de 1 a 4 sementes do formato de feijão. Quando plantadas, cerca de 80% delas germinam em menos de 15 dias.

Também é possível multiplicar a árvore por estaquia. O crescimento da muda é rápido.

O interior das vagens é dourado

O mulungu-coral atinge até 10 m de altura e tem copa rala e flores vermelhas cor de sangue

E

Quando os frutos amarurecem, eles liberam as sementes, que são dispersadas pela água da cheia e por animais

A árvore tem copa ampla. Após a época de cheia da Amazônia, os ribeirinhos armam redes sob ela para aproveitar sua sombra

Eschweilera tenuifolia

Macacarecuia, matamatá

Família *Lecythidaceae*

Elegante árvore das praias inundadas temporariamente do Rio Negro, em Manaus, e de outras paragens da Amazônia. Também é encontrada em beiras de rios, igarapés e lagos do Pará, de Rondônia, de Roraima, do Amapá e nos países vizinhos: Peru, Colômbia e Venezuela.

A espécie mede de 4 m a 16 m de altura e tem frutos pixídios, lenhosos e deiscentes, de até 9 cm de comprimento, que se abrem naturalmente na época de cheia, liberando suas sementes na água. Triangulares e achatadas, as sementes de 3 cm de comprimento são transportadas para longe pela correnteza e por algumas espécies de peixes que se alimentam delas. Interessante é que as sementes são recobertas por uma leve camada de tecido, parecida com cortiça, que facilita sua flutuação.

Com tronco cinza rugoso e copa redonda, a macacarecuia proporciona boa sombra. Tanto que, quando a maré dos rios baixa no verão, os banhistas atam redes sob ela. A madeira do tronco é pesada e tem boa durabilidade. As folhas são simples, alternas, de pecíolo curto e medem de 11 cm a 14 cm de comprimento por 4 cm a 5 cm de largura. Elas são semicoriáceas, oblongo-lanceoladas e têm ápice acuminado.

As inflorescências se formam em racemos na ponta dos ramos, principalmente no início do período de seca da Amazônia. As flores são grandes, brancas, com miolo amarelo e têm uma espécie de capuz (a exemplo de outras *Lecythidaceae*). Geralmente, são os morcegos, as mamangavas e as outras abelhas grandes os responsáveis por sua polinização. As flores também servem de alimento para inúmeros pássaros.

Os frutos secos são comercializados para a produção de arranjos florais, principalmente em Brasília, onde existe grande comércio de flores e frutas secas do cerrado

Esenbeckia leiocarpa
Guarantã, guarataia, pau-duro

Família *Rutaceae*

O guarantã é da mesma família da laranja. Ele é encontrado em regiões úmidas da Mata Atlântica, como as próximas a rios e lagoas – as chamadas matas de galeria – do estado da Bahia, no Nordeste, até o Sudeste e o Centro-Oeste.

Trata-se de uma espécie ornamental com 15 m a 30 m de altura, de tronco de casca cinza-clara, lisa ou levemente rugosa. Sua copa é formada por folhas vistosas que nascem verde-claras e se tornam verde-escuras com o passar do tempo. As folhas medem 5 cm a 18 cm de comprimento e são simples, elípticas, lisas, brilhantes, coriáceas e com nervuras amarelas aparentes.

A florada ocorre entre setembro e novembro e é intensa e levemente perfumada. As flores, de cerca de 4 mm, são pilosas, branco-creme e nascem em grupos de até 25, na parte terminal dos ramos. Os frutos costumam amadurecer entre junho e agosto. Mas, dependendo do índice pluviométrico do ano, a frutificação atrasa e é possível ver a árvore repleta de flores e frutas na mesma época.

Os frutos são cápsulas verdes que ficam marrom-escuras quando amadurecem e se abrem de forma explosiva para disseminar as sementes de formato irregular e marrom-claras. Devido ao aspecto peculiar, os frutos secos são comercializados para a produção de arranjos florais.

As sementes devem ser plantadas em local sombreado e brotam em cerca de um mês. A taxa de germinação é boa e o crescimento da muda é moderado. A madeira do tronco tem boa qualidade e é muito usada na construção civil para a produção de mobiliários e cabos de ferramentas.

Entre setembro e novembro, as flores encobrem a copa da árvore

O guarantã pode ser encontrado com 15 m a 30 m de altura, dependendo do hábitat

Eugenia brasiliensis
Grumixama

Família *Myrtaceae*

A família das *Myrtaceae* é uma das maiores produtoras de frutas comestíveis. E ela é representada por inúmeras espécies. Contando apenas as nativas do cerrado brasileiro, são mais de 200, de 14 gêneros diferentes. São todas árvores com flores e folhas – quando maceradas – muito aromáticas, o que está explícito no nome *Myrtaceae*, que vem do grego, *myrtos*, e significa perfume.

A grumixama é um dos mais belos exemplares da família. Ela mede entre 5 m e 15 m de altura, tem copa arredondada, com galhos baixos, que quase encostam no chão, e florada intensa. Suas folhas surgem avermelhadas no decorrer do ano, paulatinamente, e se tornam verde-escuras na parte superior e levemente amareladas na face inferior.

A espécie já foi muito comum nas regiões de Mata Atlântica do nordeste ao sul do Brasil. Mas, como não se regenera naturalmente com facilidade, hoje é mais fácil encontrar a grumixama cultivada em pomares, em jardins e no paisagismo urbano.

O tronco da árvore tem aproximadamente 40 cm de diâmetro e é recoberto por casca cinza descamante. As folhas medem cerca de 10 cm de comprimento por 4 cm de largura e são duras, brilhantes e com estrias bem desenhadas. O pecíolo é curto e elas nascem opostas. As flores são hermafroditas, brotam isoladamente nas axilas das folhas e são formadas por cinco pétalas e muitos estames.

Os frutos, de até 2,5 cm de diâmetro, são esféricos, com coroa persistente relativamente grande e podem ser encontrados em duas cores: amarelo-gema ou roxo-escuro. Independentemente da coloração, eles são adocicados e nascem de pecíolo longo e fino. Não é raro a árvore deixar de frutificar um ano para poupar energia.

Típica de clima tropical e subtropical, a grumixameira pode ser cultivada em qualquer região do Brasil, inclusive onde ocorrem geadas. Ela também não é muito exigente quanto ao tipo de solo e suporta tanto sol pleno quanto meia-sombra.

A propagação é por sementes – cada fruto tem até três, – que devem ser plantadas logo depois de colhidas. A germinação demora entre 30 e 60 dias. O crescimento da muda é lento.

Os frutos saborosos fazem a alegria da criançada. Há um ditado popular que diz: da primeira grumixama nunca me esqueço

A árvore de até 15 m é indicada para o paisagismo e pode ser apreciada no campo da Universidade de São Paulo, SP

Os frutos são amarelos ou arroxeados. As flores são esbranquiçadas e muito perfumadas. As folhas novas surgem avermelhadas

Eugenia copacabanensis
Goiabinha-de-copacabana, cambuí-amarelo-grande, pitanga-de-copacabana

Família *Myrtaceae*

Esta frutífera foi descoberta pelo botânico alemão Kiaerskou nas restingas arbustivas de Copacabana, no Rio de Janeiro, ainda no final do século 18. Na época, a praia carioca servia de pastagem para bois, cavalos e outros animais e os frutos da espécie faziam parte da dieta dos moradores da região. Hoje, é mais uma das plantas brasileiras ameaçadas de extinção.

Trata-se de uma espécie muito bonita, adequada ao paisagismo de pequenos espaços. Ela mede de 4 m a 7 m de altura, tem copa piramidal formada por ramos que crescem desde a base e a casca do seu tronco se solta em lascas finas marrom-escuras. As folhas são pontiagudas, avermelhadas quando jovens e verde-escuras após se desenvolverem. Já as flores nascem isoladas ou em grupos nas axilas dos ramos mais finos e são pequenas, brancas, hermafroditas e com pecíolo longo. Melíferas e perfumadas, as flores atraem beija-flores, abelhas e outros insetos que colaboram na sua polinização.

A florada principal ocorre entre janeiro e junho, porém, conforme o índice pluviométrico, ela pode atrasar e acontecer junto com a frutificação. Alaranjados quando maduros, os frutos são ovalados, medem de 3 cm a 4 cm de diâmetro e têm casca fina que se desprende facilmente. A polpa, também laranja, é carnosa, aquosa, doce e muito saborosa.

A goiabinha-de-copacabana se propaga por sementes em solo arenoso, bem drenado e constantemente adubado. Pode ser cultivada sob sol pleno e meia-sombra em canteiros ou vasos. Ao contrário de outras *Myrtaceae*, a espécie demora para germinar, às vezes, mais de oito meses. Em compensação, o crescimento da muda é relativamente rápido.

A arvoreta ou arbusto tem ramos desde a base e folhas que nascem avermelhadas e se tornam verdes quando maduras

A espécie era chamada de cambuijubaguaçu pelos indígenas. Segundo o *Vocabulário Tupi-Guarani* – escrito por Silveira Bueno – a expressão quer dizer: arbusto que produz fruta deliciosa, redonda, amarela e grande

Eugenia involucrata
Cereja-do-rio-grande, cereja-do-mato, cerejeira, ibaíba

Família *Myrtaceae*

A cereja-do-rio-grande nada tem a ver com as delicadas cerejeiras europeias e japonesas. Ela é uma árvore de até 20 m de altura, de copa piramidal ou arredondada e tronco de cerca de 40 cm de diâmetro, recoberto por casca cinza-clara que se solta em placas – como acontece com outras *Myrtaceae*.

É uma árvore encontrada no Sul e no Sudeste do Brasil, na Argentina, no Paraguai e no Uruguai. Porém, acredita-se que sua dispersão tenha começado pelo Rio Grande do Sul. Isso porque já foram encontrados exemplares com mais de 100 anos de idade nesse estado.

A espécie tem folhas lanceoladas e brilhantes, de até 9 cm de comprimento por 3 cm de largura, que ficam amareladas no inverno. É das axilas das folhas que surgem, entre setembro e novembro, as flores hermafroditas, compostas por cinco pétalas brancas e perfumadas. Os frutos aparecem quase que simultaneamente – de outubro a dezembro – e têm forma de baga e cor vermelho-arroxeada quando maduros. Eles medem de 2 cm a 4,5 cm de comprimento e possuem uma coroa persistente e grande em relação ao seu tamanho. Cada um abriga uma semente bege que pode ser cultivada antes de secarem.

As sementes devem ser plantadas na sombra ou meia-sombra e o crescimento da muda no campo é lento. Em compensação, a espécie floresce e frutifica rapidamente, com 3 ou 4 anos de idade. Também é possível multiplicá-la por estaquia.

No interior do Sul do Brasil, após a escola, a criançada sai correndo para ver quem chega primeiro nos grandes galhos fartos e coloridos da árvore, para colher e saborear os frutos que os passarinhos ainda não abocanharam. As sobras e frutas caídas colorem o chão e atraem roedores e outros animais que, após se alimentarem, dispersam as sementes para longe

Silvestre Silva

A espécie pode ter porte de 1 m a 10 m de altura. Quando as folhas surgem, elas são rosa-arroxeadas

Eugenia patrisii
Ubaia

Família *Myrtaceae*

A ubaia é uma frutífera típica da Amazônia. Ela ocorre espontâneamente em toda a floresta: na parte brasileira e na da Guiana, do Peru e da Bolívia, tanto em áreas de vegetação primária como secundária. Em algumas regiões, apresenta forma arbustiva, não ultrapassando 1 m de altura. Em outras, a árvore tem porte maior, entre 5 m e 10 m. Em qualquer um dos casos, o tronco da espécie é cinza-escuro e rugoso e a copa tem formato irregular.

Simples, elípticas, com pecíolo curto e ápice acuminado ou arredondado, as folhas da ubaia surgem rosa-arroxeadas, mas, com o passar do tempo, tornam-se verde-escuras. As flores se desenvolvem nas axilas das folhas, individualmente ou agrupadas, e são andróginas. Elas têm quatro pétalas brancas e muitos estames e são visitadas principalmente por abelhas que ajudam na polinização.

Arredondados e com cerca de 3,5 cm de diâmetro, os frutos surgem verdes, tornam-se amarelo-claros, até que amadurecem e ficam vermelho-brilhantes, tanto na parte externa quanto interna. Sua polpa é farta (84,7% do peso) e pode ser consumida *in natura* ou na forma de refresco. A época da floração e da frutificação pode variar um pouco da Amazônia oriental para a ocidental. Mas, em geral, as flores surgem entre setembro e outubro, e a frutificação ocorre de dezembro a janeiro. Cada fruto abriga de uma a três sementes que germinam em até 45 dias. O crescimento da muda é lento.

Infelizmente, as saborosas frutinhas não são encontradas à venda nem mesmo nas grandes cidades da região amazônica. Seu consumo fica restrito aos viajantes que se deparam com elas no meio da floresta ou ao povo local que a cultiva

Eugenia pyriformis
Uvaia, ubaia, uvalha, uvaieira

Família *Myrtaceae*

As frutas desta árvore fizeram história nos bairros de Cerqueira César, da Consolação, do Pacaembu, entre outros da capital paulista. Antigamente, essas regiões abrigavam os grandes casarões dos barões do café e a uvaia era presença certa nos pomares e na mesa, onde costumava ser servida em forma de geleia, doces e compotas.

A árvore é nativa da Mata Atlântica de São Paulo até o Rio Grande do Sul. Mas, apesar de sua boa regeneração natural, não é muito fácil encontrá-la na natureza. Ela mede de 5 m a 15 m de altura, mas seu tronco não chega a medir muito mais que 20 cm de diâmetro. Geralmente, o fuste é ramificado desde a base, compondo uma copa piramidal ou arredondada bastante elegante.

As folhas da uvaia são pequenas, simples oblongo-lanceoladas, medem aproximadamente 7 cm de comprimento por 3 cm de largura e surgem opostas. As flores têm cerca de 1,5 cm de diâmetro, nascem isoladas ou em grupo de três, e são brancas, pequenas, perfumadas e hermafroditas. As abelhas são seu principal polinizador.

Os frutos têm a forma de baga, são esféricos e medem cerca de 4 cm de diâmetro – existe uma variedade com fruto de formato piriforme, parecida com pera. A casca deles é amarela e fina, e a polpa comestível pode ter três qualidades: muito ácida, levemente ácida ou doce. A fruta é bastante perecível e deve ser congelada ou consumida assim que colhida.

A floração ocorre entre agosto e outubro e a frutificação é simultânea ou acontece logo depois. Quando a árvore produz muitos frutos em um ano, ela pode frutificar menos no ano seguinte para poupar energia.

A uvaia se propaga por sementes que germinam em, no máximo, 40 dias. O plantio pode ocorrer sob sol pleno ou meia-sombra. Três ou quatro anos depois, a árvore floresce pela primeira vez.

A árvore que apresenta pequenas flores brancas costuma ter copa piramidal. Seus frutos podem ser redondos ou ter a forma de pera

Eugenia uniflora

Pitanga

Família *Myrtaceae*

É uma espécie de 5 m a 12 m de altura muito utilizada no paisagismo como árvore, arbusto, moita e até cerca viva e bonsai, mediante a podas. Ela tem tronco amarronzado, de casca fina descamante, como outras *Myrtaceae*. As folhas são simples opostas, ovaladas, com cerca de 7 cm de comprimento por 3 cm de largura, avermelhadas quando jovens e verde-escuras depois que crescem. Quando é macerada, a folhagem exala um cheiro forte característico. Ele é proporcionado por um óleo aromático que é explorado pela indústria de cosmético.

A florada da pitanga é espetacular. Ela acontece entre julho e setembro, quando a árvore está desprovida de folhas e deixa a pitangueira encoberta de branco. As flores são pequenas, solitárias, perfumadas, hermafroditas, com cinco pétalas e muitos estames. Abelhas e passarinhos procuram o seu néctar e ajudam na polinização.

Os frutos são do tipo baga, arredondados, com sulcos longitudinais e podem ser vermelhos, alaranjados ou pretos. Eles também variam no tamanho e no sabor: muito doce,

Os frutos da pitanga podem ser vermelhos, alaranjados ou pretos. A s folhas nascem avermelhada na mesma época em que ocorre a florada

levemente ácido e muito ácido – os tratos culturais interferem nesse aspecto. São frutos para saborear direto do pé, pois sua fragilidade e durabilidade reduzida inviabilizam seu armazenamento e transporte. Conforme o índice pluviométrico, a frutificação pode acontecer concomitantemente à floração. A pitanga se propaga por sementes que germinam rapidamente. Não é raro ver dezenas de mudinhas embaixo da planta mãe.

E

As flores brancas da pitangueira têm cinco pétalas e muitos estames. Elas são intensamente perfumadas. Seu aroma é utilizado em cosméticos

A pitangueira é uma árvore da memória dos brasileiros. No Nordeste, uma representação dos seus frutos enfeita o pescoço das mães de santo baianas. A espécie também é sobrenome de família, nome de cidade, lugarejo, logradouro público, empresa, clube, restaurante...

O conhaque de pitanga criado pelo mestre Gilberto Freyre (1900-1987), em Recife, PE, é famoso. Até hoje, sua família mantém em segredo o modo de preparo da bebida

A árvore de aspecto delicado é muito utilizada no paisagismo, seja pela florada espetacular, seja pelos frutos, que devem ser consumidos logo após a colheita

O tronco do pau-amarelo pode chegar a mais de 1 m de diâmetro. As folhas são simples e, quando secam, adquirem um tom acobreado

A madeira da árvore foi muito utilizada, junto com a do pau-roxinho, em trabalhos de marchetaria

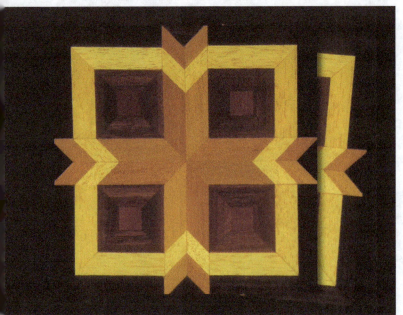

"No século passado, a época áurea da borracha, os ricos fazendeiros do Pará colocavam em suas casas assoalhos de tábuas de madeiras nobres, alternando as cores amarela do pau-amarelo com a preta do acapu para criar efeitos visuais de rara beleza". - Noemi Vianna Martins Leão (pesquisadora e engenheira florestal da Embrapa Amazônia Oriental, em Belém do Pará)

Os frutos têm formato estranho e parecem ser aveludados

Euxylophora paraensis
Pau-amarelo, pau-amarelo-cetim, pau-cetim

Família *Rutaceae*

Há séculos, esta árvore é uma das mais importantes espécies madereiras da Amazônia. Seu nome popular, pau-amarelo, já indica uma das qualidades da sua madeira, procurada para diversos usos no mercado interno e externo. Tanto que a derrubada de forma ostensiva e predatória da árvore fez com que ela entrasse, como vulnerável, na lista das espécies ameaçadas de extinção.

Encontrado nas matas de terra firme, principalmente na Amazônia paraense, o pau-amarelo mede até 40 m de altura e tem tronco que chega a mais de 1 m de diâmetro, de casca rugosa e descamante. A copa é redonda e bem formada, mas pequena em relação ao porte da árvore.

As folhas são simples, brilhantes na parte superior e com fina pelugem amarelada na inferior. Elas medem entre 10 cm e 15 cm de comprimento por cerca de 6 cm de largura, têm o ápice arredondado e surgem alternadamente ao longo dos ramos. Quando a folhagem cai, ela seca e fica amarelo-acobreada, quase da mesma cor da madeira.

As flores nascem em panículas terminais, isoladas ou em pares, e são pequenas, branco-amareladas, hermafroditas, perfumadas e com cerca de 2 cm de comprimento por 2 mm de largura. Os frutos têm um formato peculiar e são aveludados. Depois que amadurecem, eles se abrem naturalmente, de forma explosiva, para dispersar – com a ajuda do vento - as sementes o mais longe possível. As sementes são achatadas, negras e medem cerca de 1 cm.

O pau-amarelo floresce entre os meses de julho e setembro e a frutificação ocorre em outubro ou novembro. Pode haver variação de época conforme a região e os índices pluviométricos do ano. A florada pode ser minguada em um ano e no outro, intensa.

A regeneração natural do pau-amarelo é boa. Quando as sementes são plantadas e bem cuidadas, elas costumam germinar nos primeiros dois meses. O crescimento da muda é rápido.

É mais uma fruta amazônica conhecida apenas pelos povos locais. Os ribeirinhos comem a fruta ácida como tira-gosto

Exellodendron coriaceum
Castanharana

Família *Chrysobalanaceae*

A castanharana é uma das cinco espécies do gênero *Exellodendron*. Ela ocorre predominantemente nos solos pobres em nutrientes da Amazônia, que ficam inundados por quatro meses do ano, ou mais, durante o período das chuvas.

Trata-se de uma árvore com até 6 m de altura, de tronco de cerca de 35 cm de diâmetro, que possui raízes de escora para se manter de pé durante a época de cheia. Seus ramos são tortuosos e formam uma copa redonda, bem delineada, que proporciona uma boa sombra. Tanto que, quando a água baixa, os povos locais amarram redes em seu tronco para ficarem à sombra.

O nome científico da espécie, *coriaceum*, é uma referência às folhas com textura de couro. Elas medem entre 3 cm e 6 cm e são oblongo-lanceoladas, com tom verde-escuro na parte superior e acinzentado na inferior. Na época de seca da Amazônia – entre setembro e novembro –, surgem as pequenas flores brancas e perfumadas reunidas em rancemos pendentes. Seus polinizadores mais frequentes são abelhas e outros pequenos insetos.

Os frutos surgem na sequência da florada, de dezembro a março, em pencas de até dez. Eles são drupas de cerca de 3 cm de comprimento, amarelo-arroxeados quando maduros, de casca lisa, semente grande e pouca polpa comestível.

A dispersão das sementes é feita por aves, macacos, roedores mamíferos e principalmente pela drenagem da água. Ao baixar, a correnteza transporta as sementes para as margens dos rios e elas germinam.

A árvore fica com parte submersa boa parte do ano. Por isso, os ribeirinhos costumam dizer que "pescam" seus frutos

Ficus, apuí ou mata-pau

Na Amazônia, os *Ficus* – e algumas *Clusia* – são chamados de apuí. Nas demais regiões brasileiras são conhecidos como mata-pau. Os dois termos se referem à maneira como algumas espécies se desenvolvem na natureza. Transportadas pelas fezes de passarinhos, as sementes dos *Ficus* podem brotar em cima das árvores. Quando isso acontece, algumas raízes crescem em direção ao solo à procura de alimento; outras abraçam a planta hospedeira com a firme intenção de tomar seu lugar. E conseguem.

Extremamente fortes, as raízes estrangulam o tronco da espécie em que se fixaram até que ela não tenha mais como se alimentar.

Na região amazônica existem *Ficus* ou apuí com mais de 10 m de diâmetro de tronco. Também já foram encontrados exemplares com raízes de mais de 50 m de comprimento por 30 cm de diâmetro.

Quando os *Ficus* se desenvolvem em cima de árvores de grande porte fica difícil observar suas folhas e, consequentemente, identificar de que espécie se trata.

Os *Ficus* podem se desenvolver em terra firme ou sobre as árvores, emitindo suas raízes em direção ao solo e abraçando a planta hospedeira até levá-la à morte

Silvestre Silva

F

A família *Moraceae* compreende cerca de 1.050 espécies entre árvores, arbustos, cipós ou trepadeiras. Ela é composta por 37 gêneros, sendo o *Ficus* o maior deles, com mais de 800 espécies distribuídas pelas regiões tropicais do mundo. Nativas do Brasil, existem mais ou menos 110 espécies: cerca de 40 delas habitam a Amazônia, as restantes podem ser encontradas por todo o país: nos pampas do Sul, nas matas de caatinga do Nordeste – na Bahia dos Orixás, os *Ficus* são considerados sagrados – e nos cerrados do Sudeste e do Centro-Oeste. Também é fácil encontrar os *Ficus* em praças e parques urbanos, onde, além de ornamentarem as vias públicas, servem como ponto de referência ou de encontro por terem um porte muito imponente.

Nas regiões onde habitam, as árvores têm grande importância para a avifauna porque frutificam quase o ano inteiro. O sistema de polinização – e, consequentemente, a frutificação – dessas árvores é original. Ele é chamado de sicônio – ou *sikon*, em grego, que significa figo – e consiste em ter inflorescências dentro do fruto. Para haver a polinização, o fruto tem uma pequena fenda – o estíolo – que permite a entrada de uma vespa minúscula, com cerca de 1 mm de comprimento, da família *Agaonidae*, que ajuda na polinização das flores, que podem ser unissexuadas ou bissexuadas

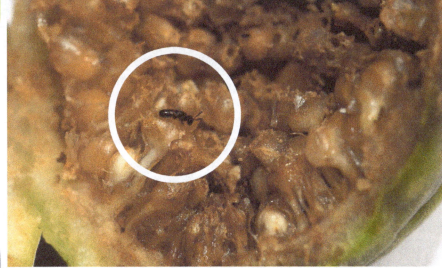

As inflorescências dos *Ficus* nascem dentro dos frutos e são polinizadas por uma pequena vespa que penetra por um furo minúsculo que existe em uma das extremidades do fruto-flor ou sicônio

As raízes dos *Ficus* são tão fortes que penetram facilmente em estruturas de concreto. Bom exemplo é este exemplar da árvore encontrado na Igreja Bom Jesus de Matozinhos do Guacuí (MG), construída no século 17

A figueira-de-folha-miúda enfeita o Largo da Concórdia, em São Paulo, desde o século 19

Ficus cestrifolia
Figueira-de-folha-miúda, figueira-branca, mata-pau

Família *Moraceae*

Esta fantástica árvore habita o Rio de Janeiro, as Minas Gerais, o Paraná, a Santa Catarina e o Rio Grande do Sul, onde é protegida por lei. Nos pampas ou campos sulinos do município de Terra de Areia, litoral norte desse estado, estão exemplares grandiosos proporcionando uma grande área sombreada aos viajantes, bovinos e equinos. O diâmetro da copa da espécie pode chegar aos 30 m nos indivíduos longevos.

Em São Paulo, a figueira-de-folhas-miúda pode ser apreciada em vários locais históricos. Há uma no Largo da Memória desde o final do século 19, quando ele servia de local de parada e de comércio para os tropeiros vindos do interior. Existem outros exemplares no Pátio do Colégio, primeira construção civil da capital paulista, e na Estrada das Lágrimas, antigo ponto extremo da cidade. Sob a copa dessa árvore, que ficou conhecida como figueira-das-lágrimas, as pessoas se despediam de quem ficava na cidade antes de fazer uma longa viagem serra abaixo até o Porto de Santos, no litoral. Historiadores afirmam que D. Pedro I e D. Pedro II também passaram e descansaram na sua sombra a caminho de Santos.

Considerada a maior figueira do gênero, a espécie tem algumas características que a diferem das demais. Ela mede 10 m a 25 m de altura, tem tronco curto e grosso, que chega a medir mais de 3 m de diâmetro, e tem sapopemas na base. A casca que recobre o fuste é cinzenta e rugosa e a madeira branca e mole tem poucas finalidades: antigamente ela era usada para a confecção de cochos de sal na pastagem e para a confecção de gamelas.

A copa da figueira-de-folha-miúda é aberta, volumosa e composta de folhas simples, alternas, lisas e brilhantes, de formato oblongo-elíptico, nervuras aparentes, com a central maior e de coloração amarelo-esverdeado. Cada folha mede cerca de 5 cm por 2,5 cm de largura. Como os demais *Ficus*, têm sicônios globosos pequenos e com uma abertura milimétrica – chamada de estíolo –, por onde entra a vespa polinizadora.

As minúsculas sementes demoram entre 25 e 50 dias para brotar. A taxa de germinação é baixa e o desenvolvimento da muda é lento. A espécie também é conhecida como *Ficus organensis*.

As folhas deste *Ficus* são as menores do gênero, o que confere um aspecto mais delicado à copa. Um exemplar da espécie com mais de 10 m de altura pode ser visto no Pátio do Colégio, local que deu início à cidade de São Paulo (abaixo)

Ficus clusiifolia

Figueira-vermelha

Família *Moracea*

A figueira-vermelha é uma árvore majestosa de mais de 20 m de altura e copa densa, encontrada do Nordeste ao Sudeste do Brasil. É um dos fícus mais bonitos pela folhagem brilhante que, antes de cair, fica amarelo-ovo como a das clúsias. Por isso, o nome da espécie ser *clusiifolia*. As folhas são lisas, coriáceas, elípticas, com até 12 pares de nervuras de coloração amarela-esverdeada e ápice acuminado. Elas nascem alternas e têm pecíolo de até 3,5 cm de comprimento.

O tronco da figueira-vermelha é curto, cinza-claro, com manchas esbranquiçadas e pode desenvolver raízes aéreas com entre 40 cm e 80 cm de diâmetro. Os sicônios – frutos-flores – surgem nas axilas das folhas e dos ramos finos, em grupos de até quatro, principalmente, no primeiro semestre. Eles são pequenos, verdes e amarelos quando imaturos e vermelhos com pintas esparsas ao amadurecerem. Seu pecíolo é curto.

Os dispersores em potencial das pequenas sementes dos *Ficus* são: pássaros, morcegos e macacos. Também roedores e diversos bichos que encontram os sicônios caídos sob a copa da árvore.

A taxa de germinação das sementes é baixa, no entanto, o desenvolvimento da muda é rápido.

A árvore adquire um porte menor na restinga. No paisagismo, é indicada para grandes espaços, parques e pastagens, onde proporciona boa sombra para bovinos e equinos

Quem visita o Forte Castelo Garcia D´Ávila (construção de 1551), no litoral norte da Bahia, não tem como deixar de observar uma imensa e centenária árvore nas proximidades. É um *Ficus cyclophylla* ou gameleira-grande, que está ali há mais de um século

Os frutos da espécie têm um tipo de espinho na ponta. Já o tronco parece ser formado pela junção de diversas árvores

Ficus cyclophylla

Gameleira-grande

Família *Mocaceae*

A espécie está disseminada espontaneamente na faixa litorânea de todo o Brasil e, ocasionalmente, é cultivada fora dela. O nome popular gameleira-grande é uma referência à madeira da árvore, utilizada na fabricação de gamelas – tigelas de madeira macia.

O *Ficus cyclophylla* é uma árvore de tronco curto, que pode ultrapassar os 2 m de diâmetro, normalmente sulcado verticalmente, dando a impressão de que várias árvores cresceram juntas. Sua copa é baixa, formada por muitos galhos e proporciona uma grande área sombreada. Mas, em matas fechadas, para alcançar a luz, a espécie pode atingir até 20 m de altura e ter tronco retilíneo.

As folhas da espécie se formam nas pontas de ramos curtos e são arredondas, lisas, verde-escuras, com até nove pares de estrias amarelas salientes. Elas medem 12 cm a 22 cm de comprimento por 8 cm a 13 cm de largura, têm pecíolo curto e nascem alternas. Os fruto-flores, os sicônios, têm algumas diferenças dos de outras espécies. Eles são pequenos, esféricos, recobertos parcialmente por membrana que pode ser creme ou escura e têm a ponta fina e um falso acúleo. Formam-se em grupo, na ponta dos ramos e são verde-amarelados quando imaturos e marrom-escuros, quase negros, após amadurecerem.

Os periquitos são dispersores e, ao mesmo tempo, predadores da espécie. Ao comerem os frutos maduros eles ajudam a multiplicar a gameleira-grande. E, ao comerem os frutos verdes, eles prejudicam a dispersão.

A espécie cresce com facilidade entre fendas de rochas, muros e pedras. Seu tronco, recoberto por raízes aéreas, chega a medir mais de 20 m de diâmetro

Ficus enormis

Figueira-da-pedra, figueira-do-mato, figueirão

Família *Moraceae*

A figueira-de-pedra está entre as espécies do gênero que mais se desenvolvem sobre outras árvores, como mata-pau, e é encontrada na Argentina, no Paraguai, no Uruguai e em todo o Brasil: da Amazônia ao Rio Grande do Sul. No entanto, ela é mais frequente no Sul e no Sudeste, em ambientes úmidos, como os próximos a rios e lagos.

Seu nome científico, *enormis*, dá uma ideia do porte que a árvore pode atingir – algumas ultrapassam os 30 m de altura. Os nome populares dão outras pistas sobre as caractertísticas da planta: figueira-de-pedra é uma referência à sua rusticidade e a força com que seu sistema radicular se desenvolve, mesmo em terrenos pedregosos; figueira-do-mato é porque a árvore só é vista em matas e pastagem, nunca em ambientes urbanos. Isso porque a base do seu tronco, com o passar do tempo, é envolvida por raízes aéreas e chega a medir mais de 20 m de diâmetro.

A casca do fuste é rugosa e cinza-escura. A copa é aberta e volumosa. Os ramos jovens surgem avermelhados e são utilizados, junto com as folhas, para benzeduras, simpatias e quebrantos pelo Brasil afora.

As folhas simples, lisas, coriáceas e ovais, soltam látex branco. Elas surgem opostas, medem 6 cm a 22 cm de comprimento por 4 cm a 18 cm de largura e têm até 12 pares de nervuras secundárias, com a central maior e amarelada. O pecíolo das folhas é longo.

As flores-frutos – ou sicônios – são esféricos, verdes quando imaturos e marrons quando maduros. Eles medem de 7 mm a 14 mm de diâmetro e se desenvolvem em grupos ou em pares nas pontas dos ramos. A frutificação ocorre durante ano inteiro, mas é mais intensa no segundo semestre.

As sementes germinam em pouco mais de um mês. Como a taxa de germinação é baixa, a espécie costuma ser multiplicada por estaquia. Assim, ela também adquire as mesmas características da planta-mãe.

Ficus gomelleira
Gameleira, gameleira-branca, figueira, figueira-grande

Família *Moraceae*

A frondosa árvore é uma das mais belas do gênero. Ela habita as terras firmes da Amazônia e as matas pluviais, atlânticas e de restingas do Nordeste, Sudeste e de parte do Sul. Mas está cada vez mais raro encontrá-la na natureza, devido ao desenvolvimento residencial, comercial e industrial desorganizado. No Pantanal mato-grossense, existem grandes exemplares dela alimentando a numerosa avifauna local.

Com entre 10 m e 20 m de altura, a gameleira tem tronco curto e grosso com mais 90 cm de diâmetro, de casca áspera, marrom ou marrom-clara. Sua madeira é leve, macia e tem pouca utilidade por ser propensa ao ataque de insetos. A copa é grandiosa, arredondada e baixa. As folhas, de até 20 cm de comprimento, surgem de um pecíolo marrom, de cerca de 3,5 cm de comprimento, e são coriáceas, pilosas e têm a ponta arredondada. Cada uma tem de dez a 16 pares de nervuras amareladas e a face de baixo verde-clara. No interior do Brasil são usadas para fins medicinais.

O frutos são sicônios pilosos e pintalgados, com cerca de 3,2 cm de diâmetro, e se formam na ponta dos ramos. Como outras figueiras, a espécie pode frutificar mais de uma vez por ano, o que é muito importante para os morcegos, pássaros e outros bichos que comem asfrutas e, ao mesmo tempo, são dispersores em potencial.

As sementes levam cerca de um mês para brotar. A taxa de germinação é baixa e o crescimento da muda é rápido.

Esta frondosa gameleira fazia parte do cenário de um grande terreno no município de Limeira, interior de São Paulo. Mas ela e muitas outras da mesma espécie foram derrubadas em nome do desenvolvimento imobiliário, industrial e comercial da região

Como as outras espécies do gênero, a figueira-branca abraça árvores e palmeiras até ocupar o seu lugar

As folhas medem até 20 cm e os frutos têm o formato de pera

Ficus guaranitica e Ficus citrifolia
Figueira-branca, figueira-brava, mata-pau, figueira

Família *Moraceae*

O *Ficus guaranitica* e o *Ficus citrifolia* são duas espécies muito parecidas. Tanto que é difícil distinguir uma da outa. Alguns autores de livros botânicos, inclusive, tratam seus nomes científicos como sinonímias.

As duas árvores ocorrem no Rio de Janeiro, em São Paulo até o Rio Grande do Sul e em Minas Gerais e Goiás até o Mato Grosso do Sul. Acredita-se que esse último estado seja o centro de dispersão de uma delas, o *Ficus guaranitica*.

Uma diferença perceptível dessas figueiras para as demais é o formato de seus frutos, os sicônios. Eles se parecem com pequenas peras, têm pecíolo comprido e nascem, como as jabuticabas, diretamente dos ramos. A frutificação ocorre o ano todo, mas é mais intensa no segundo semestre. Ambas as espécies medem entre 10 m e 25 m de altura e podem apresentar sapopemas ou raízes aéreas que crescem ao redor do tronco e ocupam uma área de 100 m a 300 m de diâmetro. A casca do fuste é bege-clara, por isso o nome-popular, figueira-branca, e os ramos mais finos são marrons e levemente pilosos.

A copa das figueiras-brancas é uma das maiores do gênero e pode ultrapassar os 30 metros de diâmetro, dependendo das características do hábitat. No inverno, a folhagem cai total ou parcialmente, evidenciando o formato escultural dos ramos que formam a copa. As folhas medem até 20 cm de comprimento por 10 cm de largura, são semiduras, com estrias aparentes, amarelas e pecíolo longo.

As sementes são diminutas e devem ser colocadas para germinar na sombra. Elas brotam em até dois meses e a muda se desenvolve rapidamente.

Nas famosas ruínas de São Miguel das Missões, no Rio Grande do Sul, é possível ver figueiras-brancas centenárias. Acredita-se que a referência para o nome científico da espécie, *guaranitica* seja a Guerra Guaranítica. Em 1750, quando o Tratado de Madri, que delimitou as fronteiras espanholas e portuguesas na América do Sul, foi assinado, houve uma batalha sangrenta no local, envolvendo os índios guaranis e as tropas dos dois países, conhecida como Guerra Guaranítica

A árvore rústica é encontrada tanto em regiões alagadiças, como as da Amazônia, quanto nas áreas secas do cerrado

Ficus pertusa

Caximguba, coaximguba, cuaximguba, guaximguba, quaximguba, apuí-açu, mata-pau, lombrigueira, figueirinha

Família *Moraceae*

Encontrada em praticamente todo o Brasil – do Sul ao Norte e em parte do Nordeste –, a caximguba é uma árvore ou uma semiepífita muito rústica. Ela consegue se desenvolver tanto em áreas secas, como as dos cerrados, quanto nas áreas temporariamente alagadas da região amazônica. A única diferença é que, nas áreas com pouca umidade, ela fica com porte reduzido, cerca de 5 m, enquanto na Amazônia chega a atingir 20 m de altura.

O tronco da caximguba mede até 1 m de diâmetro e é baixo, tortuoso e recoberto por casca sulcada, adorada por bromélias, orquídeas e outras espécies epífitas que se fixam a ele para aproveitar sua umidade. A madeira é leve e tem pouco uso comercial, mas ela expele látex, usado pela população local como vermífugo. Daí um dos nomes populares da espécie ser lombrigueira.

A copa da árvore, arredondada e composta por muitos galhos, proporciona uma boa área de sombra. Ela é formada por folhas que nascem alternadamente pelos ramos e são verde-escuras, elípticas, lisas, com o ápice acuminado e 5 cm a 12 cm de comprimento por cerca de 4 cm de largura.

Os frutos-flores são sicônios pequenos, esféricos, verdes ou verdes-amarelados, com pintas roxas. O nome da espécie, *pertusa*, quer dizer perfurado e se refere ao furo - ou estíolo - que os frutos têm para permitir a entrada da vespa polinizadora. A dispersão é feita por pássaros, morcegos, macacos e bichos que comem o fruto no solo. Em áreas alagadas, os peixes também colaboram na disseminação da espécie.

A Caximguba pode ser propagada por sementes, que brotam em até 60 dias. Mas, a exemplo de outros *Ficus*, a taxa de germinação é baixa. O crescimento da muda é lento.

A espécie mede até 25 m de altura. A casca do seu tronco é descamante e utilizada em chás que combatem a malária na região amazônica

Geissospermum sericeum
Quinarana, acariquara-branco, acarirana, acariubarana, quina-da-mata

Família *Apocynaceae*

A *Apocynaceae* é uma família botânica grande, com relevantes espécies medicinais, a exemplo da quinarana. A casca dessa árvore, fina e de gosto amargo, é utilizada no preparo de chás que combatem a malária nos confins amazônicos, onde raramente há médicos.

A espécie habita as matas de terra firme e eventualmente pode ser encontrada em outras formações vegetais da região amazônica, principalmente na parte localizada no Pará. O nome popular, quinarana e acariquara-branco, é uma referência ao formato da árvore, semelhante ao da acariquara, outra espécie amazônica.

Com até 25 m de altura e 50 cm de diâmetro de tronco, a árvore é recoberta por casca descamante, marrom-escura na parte externa e amarelo-gema na parte interna. O fuste é retilíneo e a copa, aberta e arredondada, não é muito grande. As folhas têm formato lanceolado, com ponta longa e fina, medem de 6 cm a 10 cm de comprimento por 2,5 cm de largura e são simples, alternas e com pecíolo curto. Elas surgem amareladas e ficam verdes com o passar do tempo.

As flores se formam, solitárias ou em grupo, na parte terminal dos ramos e são pequenas, prateadas, com leve pilosidade e perfume. Os frutos são elipsoides, indeiscentes, marrom-escuros e aveludados e se tornam amarelos quando amadurecem. Quando caem, são consumidos por bichos que ajudam a dispersar a espécie. Não existem informações sobre o seu cultivo.

Silvestre Silva

G

Genipa americana
Jenipapo
Família *Rubiaceae*

O jenipapo habita toda a faixa litorânea brasileira, principalmente a do Nordeste. Também está presente em áreas de várzeas e terra firme da Amazônia e em algumas poucas áreas do Centro-Oeste. Ela é uma espécie famosa, citada por autores como Jorge Amado, e virou até nome de guerra. A Batalha do Jenipapo ocorreu às margens do Rio Jenipapo, no estado do Piauí, em março de 1823, e é considerada decisiva para a independência do Brasil.

Em florestas primárias, o jenipapo chega a atingir até 25 m de altura e 80 cm de diâmetro de tronco. Mas, quando cultivado em áreas abertas, ele dificilmente ultrapassa o porte de 10 m. Nas matas úmidas, seu tronco fica com manchas brancas. Para dar sustentação à árvore, as raízes principais são profundas e as secundárias estão bem distribuídas. A copa é pequena, rala e formada por folhas que surgem verde-claras, se tornam verde-escuras com o passar do tempo e antes de caírem ficam amareladas, muitas vezes colorindo toda a copa. As folhas medem até 25 cm de comprimento por 8 cm de largura e são subcoriáceas, oblongas, simples, com nervuras aparentes e nascem opostas ao longo dos ramos.

Na Bahia, é comum encontrar licor de jenipapo. A bebida ficou famosa após ser citada por Jorge Amado, no livro *Gabriela, cravo e canela*

A floração e frutificação ocorrem o ano inteiro, mas são mais intensas quando aumenta o calor, em geral, entre novembro e dezembro. A exemplo de outras árvores, o jenipapo pode produzir frutos exaustivamente em um ano e ficar um, ou mais, com baixa produção. As flores, com o miolo marrom, têm o formato de estrela e são cerosas e levemente perfumadas. Quando elas se abrem são brancas e depois ficam amareladas. Os responsáveis pela sua polinização são os beija-flores e diversos tipos de abelhas. Os frutos são bagas, ovoides, com um biquinho protuberante característico, de cerca de 10 cm de comprimento por 8 cm de largura, e até 400 g. Eles têm casca macia que adquire uma coloração marrom-escuro-amarelada quando amadurece são fáceis de abrir. A polpa é amarelada, carnosa, suculenta e tem cheiro forte e sabor ácido. Cada fruto carrega até 300 sementes.

A propagação pode ser feita por sementes, plantadas logo depois de colhidas. Mas a enxertia é mais recomendada, por manter as característica da planta-mãe e frutificar em pouco tempo.

As flores surgem brancas e se tornam amareladas à medida que envelhecem. O tronco fica com manchas brancas devido à umidade do hábitat da espécie

O fruto do jenipapo pode chegar a medir 10 cm de diâmetro e pesar 400 g

O jenipapo faz parte do imaginário e da história dos brasileiros. Os indígenas utilizavam o sumo da fruta para fazer pinturas corporais. Tanto que, em guarani, jenipapo significa: fruta que serve para pintar. O Frei Vicente de Salvador (1590-1627), um dos primeiros colonizadores, escreveu em seu livro *História do Brasil*: "o jenipapo (...) tem frutos redondos tão grandes como laranjas (...) este fruto se come depois de maduro, sem botar dele nada fora". Tempos depois, o escritor baiano Jorge Amado (1912-2001) se referiu à árvore em nove de suas obras literárias

G

Gochnatia polymorpha
Cambará, falsa-candeia, cambará-de-folha-grande, cambará-do-mato

Família *Asteraceae*

No Brasil, esta espécie é encontrada da Bahia ao Rio Grande do Sul e no Mato Grosso do Sul. Mas ela também habita países vizinhos: Argentina, Paraguai e Uruguai. Nos tempos em que o cambará era comum na natureza, sua madeira era utilizada como moirão de cerca, pois ela não apodrece nem se deteriora facilmente. Por ter um aroma agradável, a madeira também já foi utilizada em fogões a lenha para aromatizar cozinhas, principalmente no Vale do Paraopeba, em Minas Gerais.

O cambará mede de 5 m a 12 m de altura e tem até 50 cm de diâmetro de tronco, que costuma ser tortuoso, curto e ter casca grossa, fendida, descamante, na cor marrom-escura. A copa, com muitos galhos, é redonda, larga e formada por folhas simples, pilosas, alternas, lanceoladas, com o ápice acuminado, verde-escuras na parte superior e prateadas na inferior. Elas medem de 13 cm a 18 cm de comprimento por cerca de 6 cm de largura e, quando maceradas, exalam cheiro característico. São usadas na medicina popular.

A floração da árvore ocorre entre outubro e dezembro e os frutos surgem logo em seguida. As flores cor de creme se formam em capítulos densos, na parte terminal dos ramos, e são hermafroditas e tubulares, com uma espécie de pompom na ponta, o que facilita sua dispersão pelo vento. Abelhas, em geral,

são responsáveis por sua polinização. Os frutos são do tipo aquênio, pequenos, com sementes minúsculas.

Quando plantadas, as sementes brotam em menos de um mês. A taxa de germinação é muito baixa e o crescimento da muda é lento. Para compensar, o cambará se desenvolve sob sol pleno ou meia-sombra, em qualquer tipo de solo, até os pobres e secos. Ornamental, é apropriado para o paisagismo de pequenos e grandes espaços.

Cuidado para não confundir a espécie com a candeia (*Eremanthus erythropappus*), elas são bem parecidas.

As flores da árvore são pequenas, mas nascem em grande quantidade e deixam a árvore com aspecto muito ornamental. A madeira resistente às intempéries já foi muito utilizada como moirão de cercas

Nos cerrados, os frutos da mutamba são bastante consumidos, puros e na forma de sorvete. Os macacos e os periquitos também adoram seu sabor. Eles se reúnem na copa até devorar todos

Guazuma ulmifolia

Mutamba, fruta-de-macaco, embira, embireira, embieira, embiru, camacã, guamaca, pau-de-bicho, periquiteira, pojó

Família *Malvaceae*

A mutamba é uma elegante árvore encontrada nos cerrados, em clareiras, em pastagens e espaços públicos de quase todo o Brasil. Bons exemplos são: as praças de Manaus (AM) e de Macapá (AP) e o Parque Villa Lobos na capital paulista. Por isso, ela é conhecida por uma dezena de nomes populares.

Trata-se de uma árvore frutífera, com até 9 m de altura quando encontrada em local com boa incidência de luz, e até 18 m quando habita mata fechada. Seu tronco pode chegar a ter 60 cm de diâmetro e é recoberto por casca cinzenta e rugosa que se solta em lascas. Chamadas de embiras, essas lascas são usadas na medicina popular para tratar infecções na pele. Outras partes da planta são usadas na fabricação da rapadura, como aglutinante das impurezas, e na indústria de cosmésticos. Os xampus de mutamba fazem sucesso em alguns locais do Brasil.

A copa da espécie é elegante, piramidal ou arredondada, e proporciona uma boa área de sombra. As folhas medem 5 cm a 9 cm de comprimento por cerca de 3,5 cm de largura, têm fomarto oval, margens denteadas e ápice acuminado. Elas são alternas, simples, com nervuras diferentes na parte de cima e de baixo e pecíolo longo.

As flores se formam em grupo na axila das folhas, medem cerca de 3 mm de comprimento e são cerosas, com cínco pétalas, corola amarela e cálice formado por três lobos valvares – recortes que se tocam nas bordas. Os frutos são cápsulas globosas, com rugas que parecem espinhos, pedúnculo longo, aproximadamente 3 cm de diâmetro, quase negros quando estão maduros. Eles são adocicados e possuem numerosas sementes pequenas, beges e de cerca de 2,5 mm de comprimento. No Sudeste, Centro-Oeste e Sul, a florada e frutificação ocorrem de setembro a dezembro.

As sementes podem ser armazenadas por até três meses. Quando plantadas, a maioria germina em, no máximo, um mês.

A árvore tem formato, flores e folhas ornamentais

Gustavia augusta
Jeniparana, geniparana, jandiparana, japaranduba, pau-fedorento, general

Família *Lecythidaceae*

O nome científico da espécie, *augusta*, significa soberana em latim e faz jus à beleza da ávore encontrada em diversas formações da região amazônica - terrenos argilosos e arenosos, matas de terra firme abertas e secundárias, várzeas periodicamente inundadas e até em restingas, como a da Praia do Calhau, no Maranhão. Também é posível encontrar a espécie no que restou da Mata Atlântica nordestina e na Bolívia, Colômbia, Costa Rica, Guianas, Peru, Panamá e Venezuela.

Trata-se de uma espécie com 6 m a 12 m de altura e tronco de até 30 cm de diâmetro, que, quando cortado, tem odor desagradável, o que originou o nome popular pau-fedorento. Já o termo jeniparana surgiu pela sua semelhança com o jenipapo. Pelo porte consideravelmente baixo e pela bela folhagem e florada, a árvore devia ser mais explorada no paisagismo.

As folhas simples, oblongo-lanceoladas, lisas e com margens serreadas são grandes – medem 10 cm a 30 cm de comprimento por até 8 cm de lagura – e surgem com cor cárnea-avermelhada nas pontas dos ramos. As flores, denominadas como imbriacas pela Botânica, têm capas externas côncavas que se abrem consecutivamente até expor numerosos estames coloridos - um grande atrativo para os polinizadores. Elas se formam solitárias ou em grupo de até dez nas partes terminais do ramos ou diretamente do tronco e são branco-rósea perfumadas e hermafroditas. O pedúnculo delas é longo e grosso. Os frutos são globosos, verde-escuros quando maduros e têm interior do tipo antissarcídio, ou seja, têm uma cavidade central para abrigar as sementes – de duas a 20 – envoltas por polpa amarelada de origem placentar.

Na região amazônica geralmente as flores surgem entre junho e julho, época em que se inicia a estação seca. No Sudeste, ela floresce entre outubro e dezembro. Os frutos costumam amadurecer quatro ou cinco meses depois. Mas, conforme o índice pluviométrico do ano, a frutificação pode atrasar e acontecer junto com a florada seguinte.

A espécie se propaga por sementes, que são marrons ou quase negras, brilhosas e com arilo amarelo. A taxa de germinação é de cerca de 80% e a ocorrência se dá em até dois meses. O cultivo pode ser feito na sombra ou na meia-sombra e o crescimento da árvore é lento.

Botões florais, flor e frutos da jeniparana. Uma espécie muito ornamental que devia ser mais explorada no paisagismo

As flores do cacau-de-jacaré são instigantes. Elas têm um longo fio na base

Os frutos da árvore quase não têm polpa. Eles abrigam até 30 sementes

Herrania mariae
Cacau-jacaré, cacau-estrela, cacauú
cacau-quadrado, cacaurana

Família *Malvaceae*

Disseminada em matas de terra firme por quase toda a Amazônia, e eventualmente em outros hábitats, o cacau-jacaré é indicado para o paisagismo devido a beleza e curiosidade de sua florada. A flor vermelho-púrpura tem formato de estrela. Na base de cada pétala surge um longo fio de coloração branco-rósea, o que lhe confere um aspecto muito peculiar.

As flores brotam aglomeradas ao longo do caule são polinizadas por moscas da família *Phorideae* e originam frutos também diferenciados. Eles têm formato pentagonal, medem cerca de 11 cm de comprimento por 5 cm de largura e são pilosos e amarelo-esverdeados quando maduros. Os frutos pesam, em média, 76 g, e têm polpa escassa – representa apenas 15% do peso – e até 30 sementes, pequenas, em formato de coração, marrom-escuras. Os dispersores das sementes são especialmente os macacos, as aves grandes e os mamíferos roedores.

A espécie já teve diferentes nomes científicos e não é raro encontrá-la sob outras designações. Isso acontece na *Flora Brasiliense* – importante publicação botânica –, onde consta como *Theobroma mariae*. Outro nome comum é *Abroma maria*e. Já os nomes populares são referências a características dos frutos: cacau-jacaré pelo formato deles inteiros, e cacau-estrela pelo formato deles quando são cortados.

Parente do cupuaçú e do cacau, a árvore tem um porte pequeno, entre 2 m e 4 m, e suas folhas são digitadas e grandes, com aproximadamente 1 m de comprimento. Suas sementes devem ser plantadas em local sombreado e demoram cerca de 60 dias para brotar. A taxa de germinação é baixa e o crescimento da muda no campo é lento.

Silvestre Silva

As folhas da seringueira brotam avermelhadas e proporcionam à árvore um aspecto muito ornamental

Os frutos surgem verdes, depois se tornam amarelados e cinzentos

Hevea brasiliensis

Seringueira, seringa, árvore-da-borracha, seringueira-branca, seringueira-preta, seringueira-rosada, caucho-do-pará, caucho, rubber-tree

Família *Euphorbiaceae*

A seringueira ocorre nas várzeas e, ocasionalmente, em terras firmes e altas de toda a região amazônica, com maior frequência nos estados do Amazonas, do Pará e do Acre. Ela mede 20 m a 30 m de altura, tem tronco com até 2 m de diâmetro e pode ter grandes raízes aéreas e pivotantes, que crescem verticalmente para dar sustentação à espécie. A casca do fuste é rugosa, áspera e com cerca 15 mm de espessura. Ela é cortada para a retirada do famoso látex, utilizado para diversos fins.

Foi por causa da extração de sua borracha que o sindicalista e ambientalista Francisco Alves Mendes Filho (1944-1988), conhecido como Chico Mendes, foi assassinado no Acre. Ele lutava pelo direito dos seringueiros que eram explorados pelos donos da terra.

A madeira da seringueira é considerada de boa qualidade, e vem sendo utilizada por arquitetos e designers em peças especiais de movelaria. Na produção, são utilizadas apenas árvores oriundas de manejo florestal, com idade avançada e sem potencial para a extração do látex.

A copa da seringueira é redonda e até pequena para o tamanho da árvore. As folhas são compostas e trifoliadas, de até 29 cm de comprimento por 7 cm de largura, com pecíolo longo e de coloração amarela-esverdeada. Os folíolos são elípticos, de ponta acuminada, lisos e com estrias bem desenhadas. As folhas jovens são avermelhadas.

As flores se dispõem ao longo dos racemos finos e são pequenas, amareladas e unissexuadas. As masculinas são menores e surgem em maior quantidade. As femininas são maiores e nascem nas pontas dos racemos. Os frutos grandes e triloculares nascem verdes e se tornam amarelados ou cinzentos quando maduros. Como a mamona e as demais *Euforbiaceae*, eles "explodem" para expelir as sementes, que têm manchas coloridas muito particulares, servindo como uma impressão digital. Elas são utilizadas em artesanatos e cerca de 40% do seu peso é de óleo. Como é comum a árvore crescer na proximidade de igarapés, rios e lagos, os peixes são os maiores dispersores da espécie.

A floração da seringueira pode ter início entre agosto e setembro. Os frutos amadurecem a partir abril, conforme o índice pluviométrico da região. A espécie pode ser propagada por enxertia ou por sementes plantadas logo após a coleta. Elas brotam em cerca de dois meses. A taxa de germinação é considerada excelente. O crescimento da muda é rápido.

Atualmente, o estado de São Paulo é um dos maiores cultivadores da espécie. O látex retirado dessas plantas é muito utilizado para a produção de couro vegetal.

Silvestre Silva

As sementes da seringueira têm manchas particulares que funcionam como uma impressão digital da árvore

O primeiro caso de biopirataria no Brasil envolveu a seringueira. Ele aconteceu em 1876, quando o inglês Henry Wickham (1846-1928) passou grande período na região amazônica e levou mudas e sementes da árvore, que acabaram sendo cultivadas na Malásia. Antes de essas árvores crescerem e começarem a produzir, o Brasil era o maior produtor e exportador de borracha do mundo – responsável por 95% de tudo que era consumido. Esse período (1850-1912), chamado de ciclo da borracha, foi o auge das cidades de Belém do Pará e de Manaus, que se expandiram rapidamente. Os dois maiores símbolos dessa época são os imponentes Teatro da Paz, inaugurado em 1878, na capital belenense, e o Teatro Amazônas, inaugurado em 1896, na capital Manaus. Quando o ciclo da borracha acabou, causou inúmeros problemas para as metrópoles, que viviam basicamente da riqueza gerada pelo látex. Esse caso de biopirataria é famoso e estudado no Brasil e no exterior

Silvestre Silva

A espécie de pequeno porte mede, no máximo, 8 m de altura

Hibiscus pernambucensis

Algodão-da-praia, algodão-do-mangue, algodão-do-brejo, guaxuma, embira-do-mangue

Família *Malvaceae*

O nome científico, *Hibiscus pernambucensis*, já indica a origem pernambucana dessa árvore, encontrada, principalmente, pelos mangues e pelas restingas de Recife, e bastante utilizada na arborização da cidade. Ornamental, de pequeno porte e copa larga, ela é indicada para o paisagismo, sobretudo litorâneo. No Guarujá, cidade paulista, é possível ver belos exemplares do algodão-da-praia enfeitando ruas e avenidas da orla com sua florada, que ocorre praticamente o ano todo.

A espécie mede entre 5 m e 8 metros de altura, tem tronco curto, de até 30 cm de diâmetro, às vezes tortuoso, o que aumenta seu aspecto ornamental. As folhas, de cerca de 10 cm de comprimento, no formato de coração, são simples, finas, aveludadas e verde-escuras, com a face inferior mais clara.

As flores amarelas ou rosadas são grandes e surgem na ponta dos ramos. Elas se parecem com as do algodão, espécie da mesma família, por isso seu nome popular algodão-da-praia. A florada atrai beija-flores e abelhas que colaboram na sua polinização. Os frutos também se formam nas extremidades dos ramos e são pequenos, leves e verde-acinzentados. Quando amadurecem, eles se abrem naturalmente, expondo diminutas sementes redondas, amareladas ou cinzentas.

A taxa de germinação das sementes é alta. Mas a espécie é mais reproduzida por estaquia para a muda ser idêntica à planta mãe e crescer rapidamente. No Nordeste e no Norte, o algodão-da-praia é muito utilizado para regenerar áres de mangue, que perdem espaço para o mercado imobiliário e indústrias em geral.

A árvore tem flores parecidas com a do algodão e é encontrada próxima da água em diversos ecossistemas. Por isso, os nomes populares: algodão-de-praia, algodão-do-mangue, algodão-do-brejo

Hymenaea courbaril
Jatobá, jataí, jutaí, jataíba, jataí-açu, jataí-grande, farinheira, jatobá-do-cerrado, jatobá-da-serra, jatobá-de-folha-miúda, jatobá-de-caatinga

Família *Fabaceae*

A copa do jatobá é ampla e o tronco fica curto quando a árvore é cultivada

Conhecido na Amazônia brasileira como jataí ou jataí-açu e pelos indígenas como "ya-atã-yba", palavras que querem dizer "árvore de fruto duro", o *Hymenaea courbaril* é o jatobá mais popular e importante. Antigamente, era possível encontrá-lo com muita facilidade por quase todo o Brasil. Mas, devido à exploração de sua madeira de alta qualidade, atualmente, a árvore consta como vulnerável na lista de espécies ameaçadas de extinção. Exemplares centenários da espécie só são encontrados em jardins botânicos, grandes praças ou propriedades particulares.

Na Amazônia, região em que cresce mais, o jatobá mede até 35 m de altura e tem tronco de até 2 m de diâmetro. A casca dele é áspera e grossa, com mais de 3 cm de espessura, marrom-avermelhada na parte interna e castanho-acinzentada na externa. Do tronco é extraída uma seiva, de coloração avermelhada, que se transforma em resina ao entrar em contato com o ar e é usada na medicina e como verniz.

A copa da árvore, grande e ampla, é formada por folhas alternas, compostas por dois folíolos avermelhados quando surgem e verde-brilhantes após crescerem. As flores se formam em cachos na ponta dos ramos e são brancas, delicadas, hermafroditas, com cinco pétalas e cerca de dez estames. Pássaros e abelhas são os maiores responsáveis pela sua polinização. Mas já foram observadas em determinados lugares na Amazônia flores que se abrem somente à noite e são polinizadas por morcegos e mariposas. A época da florada depende do hábitat da árvore: na Amazônia, ela varia de estado para estado; no cerrado, ocorre de outubro a abril, ou mais tarde, conforme a época de chuvas. Já no Sudeste, as flores surgem entre outubro e dezembro. Os frutos nascem cerca de seis meses após a florada. Eles são vagens marrons, com pequenos poros e não se abrem naturalmente. Muito pelo contrário, são difíceis de serem quebrados. Medem de 5 cm a 18 cm de comprimento, por cerca de 5 cm de largura, e sua casca grossa é usada em artesanatos pelos moradores dos cerrados de Tocantins. Em outros estados, a casca é mais utilizada como corante para tecidos. A polpa dos frutos é farinácea, com odor que não agrada todo mundo e sabor também duvidoso. Mas ela tem proteínas, açúcares, fibras, potássio, cálcio, fósforo, zinco, ferro, magnésio – em índice superior ao encontrado no feijão e na soja. Cada fruto possui até seis sementes, duras, ovaladas, com 2 cm de diâmetro, que precisam ser escarificadas antes de plantadas. Elas germinam em até 10 dias. O crescimento da muda é rápido e a frutificação começa entre os 8 e 12 anos de idade.

O naturalista e viajante George Gardner fez a seguinte observação sobre a espécie no livro *Viagem ao Interior do Brasil*, em 1839: "A parte principal do alimento desta gente (referindo-se aos índios) é de natureza vegetal: frutas silvestres que buscam nas matas, tais como cocos de diferentes espécies de palmeiras, jatobá, pitomba, goiaba, araçá e outros"

H

Hura creptans
Açacu, assacu, açacuzeiro, ussacu

Família *Euphorbiaceae*

Os frutos parecem pequenas morangas. Eles medem cerca de 8 cm de diâmetro e têm segmentos que demarcam as sementes

O mais importante da árvore do açacu é a sua função social para a construção de flutuantes – nome utilizado pelos moradores da região amazônica para designar toda estrutura feita para boiar durante o período da cheia, de cerca de seis meses ao ano. A madeira da árvore é indicada para essa função porque tem grande durabilidade quando exposta à água. O que, curiosamente, não ocorre quando ela fica exposta ao sol e apodrece rapidamente.

A espécie de aspecto elegante cresce rápido e chega a medir 30 m de altura no seu hábitat, onde seu tronco fica retilíneo e com, mais ou menos, 1,5 m de diâmetro. Mas, quando cultivada, a árvore tem porte reduzido e fuste ramificado e relativamente curto. Em ambos os casos, o tronco é recoberto por casca de cor pardacenta, com espinhos grossos, pequenos e pontiagudos. A copa do açacu é redonda, ampla e formada por folhas simples, grandes e cordiformes – em formato de coração –, com estrias salientes e pecíolo longo.

A floração ocorre entre outubro e dezembro, com flores femininas e masculinas em exemplares separados. A flor feminina nasce solitária e a masculina em inflorescências em forma de espiga. Ambas as flores são inicialmente verdes e se tornam rosa ou arrexeadas quando maduras. Os frutos capsulares parecem pequenas morangas. Eles medem cerca de 8 cm de diâmetro, têm de 8 a 15 segmentos e se abrem com o calor, de forma explosiva, para disseminar as sementes. Arredondadas, arroxeadas e com cerca de 1,5 cm de diâmetro, as sementes germinam facilmente em até vinte dias.

O tronco, folhas, flores e frutos verdes possuem látex irritante que provoca ardor na pele e nos olhos. Mas os indígenas e povos da floresta conseguem fazer uso medicinal de algumas partes da árvore. As folhas, depois de trituradas com água, são utilizadas no tratamento do reumatismo. As flores masculinas são preparadas para tratar doenças de pele, como o furúnculo.

Alguns ingleses que vieram trabalhar no Norte do Brasil durante o ciclo da borracha e a construção da Ferrovia Madeira Mamoré (1907 - 1912) faziam saleiro com frutos de açacu ainda verdes.

Uma curiosidade: o nome açacu não é simples casualidade. Os locais chamam a árvore assim porque não se deve sentar no tronco da espécie caído na floresta, devido ao látex irritante que ele expele.

As folhas grandes e no formato de coração são ornamentais

90 ÁRVORES NATIVAS DO BRASIL

Quando cultivada, a árvore tem tronco curto. Mas nas floresta, ela chega a medir mais de 30 m de altura

A casca do tronco da árvore é repleta de espinhos. As flores femininas surgem solitárias e as masculinas, em inflorescências na forma de espiga

O tronco do açacu é super-resistente à água. Por isso, na Amazônia, é um dos mais utilizados na construção de flutuantes, que podem ser barcos, casas e outras estruturas

De tão alta, a árvore é avistada de longe, mesmo em meio à Floresta Amazônica

Hymenolobium excelsum

Angelim-da-mata, angelim-rajado, angelim-rajado-da-mata, angelim-comum, fava-folha-fina

Família *Fabaceae*

O nome popular angelim é utilizado para muitas espécies brasileiras. Ele também é sobrenome de família, nome de município, de lugarejos, de logradouros públicos, de fazendas, de estâncias, e de outras tantas coisas. Esta árvore, especificamente, ficou conhecida como angelim-da-mata porque ela é muito alta e sua copa pode ser vista de longe, em meio às florestas do Pará, do Amazônas, do Amapá e de Roraima.

A espécie chega a medir 45 m de altura e tem sapopemas de mais de 3 m de comprimento que têm sido utilizadas, inteiras, na confecção de tampos de mesas e objetos de arte no Sul e Sudeste do Brasil. A copa da árvore é aberta e tem folhagem apenas nas pontas dos ramos. As folhas medem de 9 cm a 13 cm de comprimento e são compostas por de 23 a 47 folíolos pequenos – uns dos menores da natureza –, levemente pilosos, com nervuras aparentes, verde-escuros na face superior e amarelo-claros na inferior.

O fuste da árvore é cilíndrico, reto e recoberto por casca morta marrom-avermelhada, que se desprende constantemente, expondo a casca viva, que é marrom-clara. A madeira é dura e muito utilizada pela construção civil e naval e pela indústria moveleira de luxo do Brasil e do exterior por ser resistente ao ataque de fungos e cupins. Isso levou o agelim-da-mata constar como vulnerável na lista de espécies ameaçadas de extinção.

Curiosamente, os viajantes da Floresta Amazônica relatam que as flores róseo-avermelhadas e perfumadas da espécie são menores nas árvores maiores do que nas menores. Os frutos são leguminosos, verde-amarelados e quase transparentes quando maduros. Eles contêm de uma a três sementes compridas, cilíndricas, negras e muito leves, o que permite que sejam dispersadas pelo vento. Por serem duras, as sementes podem ficar por um longo tempo no meio dos detritos do solo antes de germinar.

Para o cultivo da espécie, as sementes devem ser escarificadas. Feito isso, a taxa de germinação chega a quase 100% e a ocorrência se dá em um mês. O crescimento da muda no campo é lento.

A madeira avermelhada da árvore já foi amplamente explorada. Por isso, a espécie corre o risco de extinção

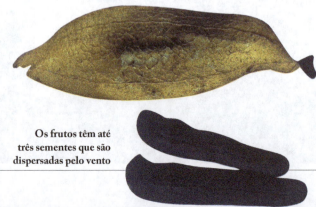

Os frutos têm até três sementes que são dispersadas pelo vento

Considerada o verdadeiro angelim, a árvore tem uma das madeiras mais resistente da Floresta. Suas sementes são quase negras

Hymenolobium petraeum
Angelim-pedra, angelim-pedra-verdadeiro, angelim-verdadeiro, angelim-amarelo

Família *Fabaceae*

A espécie está entre as árvores mais altas da Amazônia, podendo atingir 40 m de altura. Ela habita as áreas de terra firme da floresta e o nome popular, angelim-pedra, indica a qualidade de sua madeira, cobiçada no Brasil e no exterior para diversos fins: construção civil e naval, produção de mobiliários de luxo, dormentes... Tanto que, consta como vulnerável na lista das espécies ameaçadas de extinção.

O fuste do angelim-pedra é reto, chega a ter 1,5 m de diâmetro e apresenta pequenas sapopemas. A casca é avermelhada e se desprende em placas. Ao ser cortada, a madeira expele resina pegajosa, amarelo-claro, que, em contato com ar, se torna avermelhada. A copa é pequena em relação ao tamanho da árvore. No meio da floresta, geralmente, a árvore fica entrelaçada por cipós e hospeda inúmeras plantas epífitas, como samambaias e filodendros. As folhas, com 10 cm a 16 cm de comprimento, surgem no final dos ramos e apresentam entre 9 e 21 folíolos opostos, verdes, opacos, com nervuras aparentes.

Na Amazônia Central, a florada da árvore ocorre entre janeiro e fevereiro e os frutos amadurecem de maio a junho. Mas, como ela é uma espécie bastante dispersa na região, a época de floração pode mudar conforme o índice pluviométrico local. Também não é raro que em um ano a espécie apresente floração e frutificação intensa e, no outro, rala.

As inflorescências surgem em paniculas terminais e são formadas por pequenas flores róseas, perfumadas e de pecíolo curto, que atraem abelhas. Os frutos são vagens samaroides – com formato que permite que voem com o vento, como um helicóptero – de até 10 cm de comprimento por 3 cm de largura, que abrigam de uma a quatro sementes ovaladas, pequenas e de coloração marrom, quase negra.

As sementes demoram cerca de trinta dias para germinar e o crescimento da muda é lento. A regeneração natural do angelim-pedra nas matas é de cerca de 70%.

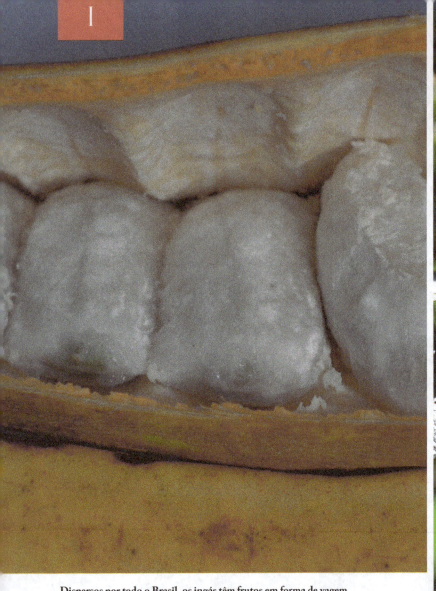

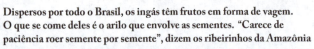

Dispersos por todo o Brasil, os ingás têm frutos em forma de vagem. O que se come deles é o arilo que envolve as sementes. "Carece de paciência roer semente por semente", dizem os ribeirinhos da Amazônia

Ingás, relatos de sabor

As espécies do gênero *Inga* estão espalhadas por todo o Brasil. E todas têm frutas muito saborosas. Como diz o caboclo mineiro: "Comer ingá é amansar o tempo". Já na região amazônica é comum ouvir dos ribeirinhos: "Carece de paciência roer semente por semente, sentado à beira de um rio ou dentro de uma canoa, vendo a água passar mansamente". Nos versos de *Correnteza*, o poeta e músico carioca Tom Jobim canta: "Na barranceira do rio o ingá se debruçou / e a fruta que era madura / a correnteza levou".

Os primeiros colonizadores e viajantes também se encantaram com os frutos dessas espécies, encontrados em diversos formatos e tamanhos de vagem. O missionário francês Claude d'Abbeville, escreveu, ainda em 1612: "As sementes são recobertas por polpa muito alva e muito doce". Em 1774, no hoje município de Coari (AM), quem se deliciou com as frutas das árvores foi o ouvidor português Francisco Xavier Ribeiro de Sampaio. Em seu *Diário da Vigem da Capitania do Rio Negro*, é possível ler: "Tive aqui grande número de presentes de várias frutas, que as índias me trouxeram (...) Ingazes, que incluem muitos caroços (...) cobertos superficialmente de uma substância frigidíssima, que é o que se come. Os índios fazem grande estimação dessa fruta, que não deixa de ser saborosa, e há de diversas." Oitenta e cinco anos depois, em 1859, em *Viagem pelo Norte do Brasil*, o médico e explorador alemão Robert Ave-Lallement escrevia: "A bordo, porém, encontrei um monstro leguminoso, a vagem duma acássia trepadeira, chamada ingá-cipó (...) com 15 caroços (...). Envoltos numa polpa doce, lanosa, pouco consistente, mas agradável ao paladar".

Silvestre Silva

Inga cinnamomea

Ingá-açu, ingá-chinela, ingá-grossa

Família *Fabaceae*

Além de ser amplamente encontrado nas margens de diversos rios amazônicos – Amazonas, Pará, Negro, Tocantins, Tapajós, Solimões, Branco e afluentes –, o ingá-açu também é bastante cultivado na região. Mas, enquanto no seu hábitat, ele atinge até 30 m de altura, quando é plantado não ultrapassa os 15 m. A frutificação contínua, ao longo do ano, ajudou a tornar a espécie – junto com o *Inga edulis* – a frutífera mais encontrada em Manaus e cidades da vizinhança.

O ingá-açu tem tronco grosso e seus ramos, principalmente os finos, costumam ser o hábitat de formigas do gênero *Pseudomyrmex*, conhecidas como taxi. Suas inflorescências são diferentes das dos demais ingás. Elas se formam em capítulos globosos e são brancas e bastante perfumadas, o que atrai abelhas e beija-flores. Diferentemente dos demais ingás, as flores tubulares têm muitos estames, o que faz com que se pareçam com pompons. O pedúnculo delas é longo.

Os frutos são vagens grandes, lisas e não têm pelos, como outras espécies do gênero. Eles medem cerca de 30 cm de comprimento, por 5,5 cm de largura e pesam até 400 g. Não se abrem naturalmente quando ficam maduros e possuem, em média, dez sementes grandes, envoltas por sucoso arilo branco, comestível e adocicado.

Para comer ou colher as sementes do ingá-açu basta comprimir as vagens. Quando plantadas, elas germinam entre 10 e 15 dias. O crescimento da muda no campo é rápido.

O ingá-açu habita as margens de rios amazônicos. Seus frutos não têm pilosidade como as outras espécies do gênero

Inga edulis

Ingá-cipó, ingá-doce, ingá-de-macaco,
ingá-rabo-de-mico, ingá-macarrão, ingá-da-praia

Família *Fabaceae*

Os frutos em forma de vagem desta espécie impressionam pelo tamanho – chegam a medir mais de 1 m de comprimento. Eles são pilosos, macios, fáceis de abrir e abrigam até 20 sementes quase pretas e brilhantes. Os arilos que envolvem as sementes são brancos, aquosos, adocicados e muito apreciados por macacos. O problema é que, quando os primatas abrem frutos ainda verdes, eles os dispensam, desperdiçando sementes e prejudicando a regeneração da árvore no seu hábitat.

O ingá-cipó atinge entre 10 m e 15 m de altura quando cultivado. No seu hábitat – a região amazônica, principalmente, e a faixa litorânea da Mata Atlântica do Nordeste até o Sul do Brasil –, pode atingir até 25 m. Sua copa é grande, rala e formada por folhas compostas, pinadas, com de 4 a 6 pares de folíolos. As flores surgem em racemos terminais ou subterminais, nas axilas das folhas. Elas são perfumadas, brancas, hermafroditas, tubulares, com muitos estames e intensamente visitadas por beija-flores, abelhas, borboletas e outros insetos que colaboram para sua polinização.

Na Amazônia Central, o ingá-cipó pode florescer e frutificar até quatro vezes por ano – conforme pesquisa realizada por Martha Aguiar Falcão e Charles Clement, do Inpa (Instituto Nacional de Pesquisas da Amazônia). A propagação dela é feita pelas sementes, que germinam com facilidade, muitas vezes ainda dentro das vagens que caíram. A muda leva de três a quatro anos para florescer pela primeira vez quando cultivada sob sol pleno.

No século 18, o cronista Padre João Daniel, da Companhia de Jesus, enalteceu algumas características dos frutos da espécie: "Deliciosa não só no gosto, mas também na sua bela e regalada frescura... Podem servir para dar bons açoites nos rapazes, que por gulosos os apanham verdes"

A árvore pode frutificar até quatro vezes por ano. Na Amazônia, os frutos são vendidos em feixes com de cinco a dez vagens

O ingá-branco é uma espécie elegante encontrada em todo o Brasil. Suas inflorescências brancas são compridas e proporcionam à árvore um aspecto muito ornamental. Os frutos surgem diversas vezes por ano

Inga laurina
Ingá-branco, ingá-chichica, ingá-mirim, ingá-da-praia, ingá-de-macaco, ingaí

Família *Fabaceae*

Esta árvore é comum em praticamente todo o território brasileiro. Ela habita as encostas de Mata Atlântica e as restingas do Nordeste até o Rio Grande do Sul. Na região amazônica, vive nas áreas de terra firme e várzeas e é muito popular.

Espécie elegante, o ingá-branco mede até 20 m de altura e 80 cm de diâmetro de tronco. Quando adulto, a casca do seu fuste é cinza-escura e sua copa é aberta, baixa e formada por muitos galhos. Essa característica é aproveitada para criar áreas sombreadas em espaços urbanos.

As folhas da árvore são verde-escuras, parapinadas e compostas por dois pares de folíolos – o da ponta é maior – de nervuras proeminentes e ápice acuminado. As inflorescências, na forma de espiga, surgem nas pontas dos ramos e são compostas por dezenas de pequenas flores brancas que se abrem de baixo para cima. Elas são tubulares, hermafroditas, têm muitos estames e perfume que atrai beija-flores, abelhas e outros insetos. Os frutos lisos, amarelados ou verde-claros, têm a forma de vagem, achatadas ou cilíndricas, e tamanho bem variável – os maiores medem até 8 cm de comprimento por 3 cm de diâmetro. A exemplo de outros ingás, a parte comestível dos frutos é os arilos brancos e sucosos que encobrem as sementes.

O ingá-branco floresce e frutifica mais de uma vez por ano. A época varia de acordo com o clima da região e os índices pluviométricos. A propagação é feita por sementes. Praticamente 100% delas germinam rapidamente. O crescimento da muda no campo também é rápido. Essas características tornam a planta ideal para recuperar áreas degradadas, inclusive brejosas e inundadas temporariamente.

No Parque Bosque dos Constituintes, ao lado da Praça dos Três Poderes, em Brasília (DF), é possível ver mais de 50 ingás-brancos. No Parque do Ibirapuera, em São Paulo (SP), também há um bosque com meia dúzia de exemplares adultos

Silvestre Silva

Inga semialata

Ingá-feijão, ingá-branco, ingá-chichica, ingá-de-macaco, ingá-mirim, ingá-da-praia

Família *Fabaceae*

Entre as espécies do gênero, esta é a que apresenta a florada mais exuberante. As flores são bem parecidas com as do *Inga laurina*, mas, no *Inga marginata*, elas surgem com mais intensidade, recobrindo quase que totalmente a copa de branco. A época varia de acordo com a região do hábitat, que pode ser do norte ao sudeste do Brasil.

A árvore, com até 15 m de altura e 50 cm de diâmetro de tronco, é ramificada desde a base, tem copa densa e baixa e folhas compostas de 3 pares de folíolos lisos e de ápice acuminado. Suas vagens são verdes e amarelas, bem parecidas com as do feijão, daí o nome popular ingá-feijão. A diferença deles para os frutos da maioria dos ingás é que – assim como o *Inga cinnamomea* – não apresentam pilosidade. O formato também é um pouco diferenciado.

A multiplicação da árvore é feita por sementes. Quase todas germinam em menos de um mês. O crescimento da muda no campo é rápido.

A florada do ingá-feijão é considerada a mais bela do gênero

Os frutos são parecidos com os dos feijões. Daí, o nome popular ingá-feijão

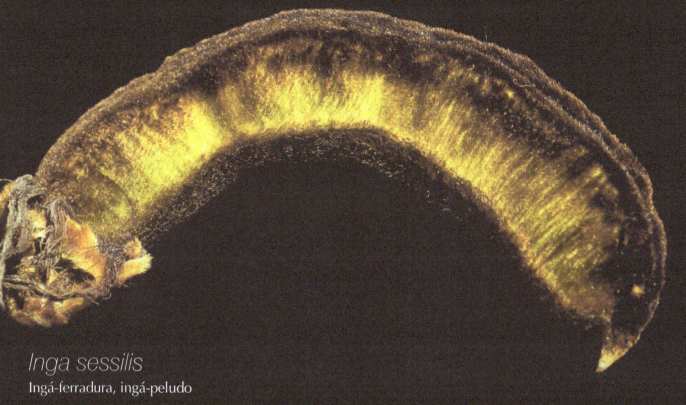

Inga sessilis
Ingá-ferradura, ingá-peludo

Família *Fabaceae*

Esta espécie habita principalmente as encostas da Mata Atlântica e as matas de cerrado do Sudeste e do Sul do Brasil. Mas também pode ser encontrada em outras formações vegetais. Seu nome popular, ingá-ferradura, refere-se ao formato dos seus frutos, que também são atrativos pela cor quase dourada e por serem recoberto por delicados pelos escuros. Daí surgiu outro apelido: ingá-peludo.

Embora muito bonita, a árvore é pouco utilizada no paisagismo. Ela mede até 25 m de altura e 60 cm de diâmetro de tronco e tem galhos tortuosos que formam uma copa de aspecto bem variado. As folhas e flores são semelhantes aos dos *Inga vera* e *Inga edulis*. A floração, geralmente, ocorre no verão.

Para multiplicar o ingá-ferradura, recomenda-se o plantio das sementes logo após elas serem colhidas. A taxa de germinação delas é alta e a ocorrência se dá em pouco tempo. O cultivo pode ser feito tanto sob sol pleno quanto meia-sombra.

Os frutos do formato de ferradura são quase dourados. Em geral, eles surgem no verão e tornam a espécie ainda mais atrativa

Os frutos deste ingá são acobreados e recobertos por pelugem. Eles abrigam sementes de formato peculiar

Inga vera

Ingá, angá, ingá-banana, ingá-quatro-quinas, ingá-do-rio, ingá-do-brejo

Família *Fabaceae*

A árvore frondosa habita, principalmente, a beira de rios da Mata Atlântica e dos cerrados e é o ingá mais popular no Sul, no Sudeste e no Centro-Oeste do Brasil. Entre as espécies do gênero, ela também é a mais utilizada para fins ornamentais.

O ingá atinge até 20 m de altura e tem tronco curto de cerca de 80 cm de diâmetro, recoberto por casca marrom-acizentada, fina e áspera. Sua copa arredondada é bastante ramificada e formada por folhas de, no máximo, 30 cm de comprimento, compostas por 4 a 6 pares de folíolos. Eles são ovais, surgem avermelhados e se tornam verde-escuros na face de cima e verde-claros na de baixo à medida que se desenvolvem.

As inflorescências, em forma de cachos, nascem nas axilas e no ápice dos ramos e têm pedúnculo comprido. As flores são brancas, pentâmeras, hermafroditas, com numerosos e compridos estames e um leve perfume que atrai insetos e beija-flores, que colaboram para a sua polinização. O nome popular da árvore, quatro-quinas, refere-se ao formato dos frutos, que ficam com uma fina pelugem acobreada quando amadurecem. Eles medem de 4 cm a 14 cm de comprimento por até 5 cm de largura, e os arilos brancos suculentos que envolvem as sementes são sua parte comestível. Quando limpas, as sementes apresentam um desenho singular, um tipo de impressão digital que muda de árvore para árvore.

As sementes germinam entre 15 e 30 dias e a muda cresce rápido.

Pelo formato, floração e frutificação, o *Inga vera* é a espécie do gênero mais utilizada no paisagismo

Inga vulpina
Ingá-peludo, ingá-de-flor-rosa, ingá-achatado
Família Fabaceae

Este é o menor dos ingás. Ele atinge, no máximo, 8 m de altura e, em algumas regiões, fica com porte de moita. É raro vê-lo na natureza, mas sua dispersão, assim como a das outras espécies do gênero, é ampla. Ele é encontrado no Sul, no Sudeste e no Centro-Oeste, principalmente em matas de cerrados e capoeiras.

Conhecido como ingá-peludo, ele tem copa pequena, mas que proporciona uma sombra considerável. As folhas com bastante pelugem são semelhantes às do *Inga cinnamomea* e do *Inga edulis*. Os frutos também são bem parecidos. O que é visivelmente diferente entre essas espécies do gênero é a cor das flores. Elas são rosa.

A espécie se multiplica como outras do gênero.

O *Inga vulpina* é a menor espécie do gênero e a única com flores rosadas

Jacaranda brasiliana

Jacarandá-de-minas, jacarandá-preto, jacarandá-boca-de sapo, caroba, caroba-branca, pau-de-colher

Família *Bignoniaceae*

A árvore é muito utilizada no paisagismo de São Paulo, de Porto Alegre e de outras cidades do Sul e do Sudeste brasileiro, onde é comum confundi-la com o jacarandá-mimoso (*Jacaranda mimosiifolia*), nativo da Argentina. Ela mede entre 8 m e 12 m de altura e tem cerca de 50 cm de diâmetro de tronco. O fuste é curto e a copa, grande, frondosa e muito ramificada. As folhas, com entre 20 cm e 50 cm, são lisas, bipinadas e compostas por entre 8 e 10 pares de pinas, cada uma com cerca de 12 pares de pequenos folíolos.

Entre o inverno e a primavera, o jacarandá-de-minas perde as folhas e fica coberto por belas flores tubulares e roxas, com detalhes internos brancos. Elas se formam em panículas terminais e são hermafroditas, recobertas por uma leve pelugem e perfumadas, o que atrai beija-flores e insetos. As maritacas também frequentam a árvore para se alimentar do néctar localizado na parte tubular da flor.

Os frutos achatados, marrom-claros e de tamanho uniforme surgem entre os meses de julho e setembro. Quando amadurecem, eles se abrem naturalmente, em duas valvas, para expelirem as sementes para longe. Como são pequenas e envoltas por uma membrana branca, quase transparente, as sementes são facilmente levadas pelo vento.

Resistente a diversos tipos de solo, menos o de brejos, a árvore é indicada para áreas degradadas. Sua propagação é feita por sementes. A maioria delas germina em até um mês. O crescimento da muda no campo é rápido.

A árvore mede até 12 m de altura e tem copa que proporciona boa área de sombra. As flores são lilases e atraem beija-flores e maritacas

Um pequeno bosque de jacarandá-de-minas pode ser apreciado no Jardim Botânico do Instituto Agronômico de Campinas, SP

Na região Amazônica é fácil reconhecer a árvore pelo porte e pela cor da florada. Esta foi retratada na Embrapa da Amazônia Ocidental, em Manaus

Jacaranda copaia
Parapará, caroba, caroba-manacá, caroba-do-mato, caraúba, murupá-falso

Família *Bignoniaceae*

Nas beiras de rios e nas matas amazônicas, principalmente dos estados do Pará – daí seu nome popular parapará – e do Amapá, é fácil reconhecer o parapará pelo porte e pela florada. Ela cresce rapidamente e atinge entre 20 m e 30 m de altura. Sua copa é arredondada e se enche de flores azul-violeta entre agosto e setembro. Em menor quantidade, a árvore também é encontrada no Mato Grosso, principalmente em vegetação secundária, onde se desenvolve naturalmente.

O fuste da espécie é cilíndrico, com 50 cm a 90 cm de diâmetro, e recoberto de casca fina, fibrosa e cinzenta. A madeira é apropriada para produção de brinquedos, palito de fósforo, parte internas de barcos e outras peças leves. As folhas chegam a medir 1 m de comprimento e são bipinadas e opostas. Elas são compostas por de 4 a 6 pares de pinas lisas, de coloração verde-escura na face superior e verde-clara na inferior.

As flores se formam em panículas terminais e têm cálice campanulado com cinco dentes – margens recortadas – e fina pelugem. Elas são visitadas por insetos, como abelhas e mariposas, e aves, como os beija-flores. Os frutos amadurecem a partir de janeiro. Eles se formam na parte terminal dos ramos e possuem valvas que se abrem naturalmente em duas partes para expelir sementes aladas que são levadas pelo vento.

A germinação das sementes é rápida. Nas condições climáticas da Amazônia, pode ocorrer em até 15 dias.

Por crescer rápido e apresentar uma bela florada, a árvore é usada no paisagismo da região Norte brasileira e recomendada para cultivo em áreas degradadas

Silvestre Silva

Jacaranda puberula
Carobinha, carobinha-miúda, carobinha-do-campo, carobinha-pequena, carobinha-roxa

Família *Bignoniaceae*

A carobinha é uma pequena árvore de 4 m a 8 m de altura e 40 cm de diâmetro de tronco que devia ser mais aproveitada no paisagismo urbano. Ela é nativa da Mata Atlântica de Pernambuco até o Rio Grande do Sul e o de Mato Grosso, muito fácil de cultivar e tem uma bela florada. Além disso, sua copa é pequena, rala e bastante elegante.

A espécie tem casca cinzenta que se solta em pequenas lascas e folhas simples. No Vale do Paraopeba, em Minas Gerais, a folhagem dela era socada e pilada com milho para tratar doenças comuns em galináceos. Na época, não havia outros recursos além da sabedoria popular. As folhas caem no inverno e rebrotam com as primeiras chuvas da primavera, junto com as flores roxas e muito atrativas.

Os frutos costumam amadurecer entre os meses de fevereiro e abril. Mas a época pode variar devido à ampla dispersão da espécie. Eles são grandes, verdes quando imaturos, marrom-escuros quando amadurecem, e se abrem naturalmente em duas valvas para expelir as sementes. Como em outros jacarandás, as sementes são recobertas por uma membrana branca e transparente que facilita a dispersão pelo vento.

A regeneração natural do *Jacaranda puberula* é considerada ótima. Quando cultivado, as sementes germinam em até 15 dias, mas o desenvolvimento das mudas é lento tanto sob sol pleno quanto na meia-sombra.

Os frutos nascem em grande quantidade e se abrem naturalmente para expelir as sementes, que são dispersas pelo vento

A florada da árvore é espetacular. E seu porte pequeno permite que seja cultivada em ruas, mesmo sob fiação elétrica

Silvestre Silva 113

A espécie é da mesma família que o mamão. Mas ao contrário do primo famoso, o jaracatiá é muito ramificado e tem pequenos espinhos pontiagudos. Além disso seu tronco é dilatado na base

Para a espécie frutificar é preciso cultivar uma árvore fêmea e uma árvore macho no jardim

Jaracatia spinosa

Jaracatiá, mamãozinho-do-mato, barrigudo, mamoeirao-de-espinho, mamão-de-veado

Família *Caricaceae*

O jaracatiá já foi encontrado com facilidade em quase todo o Brasil, principalmente na faixa litorânea de Mata Atlântica. Mas devido à ação do homem e a dificuldade que a espécie tem de se regenerar, hoje é mais fácil vê-lo em parques, jardins botânicos e reservas florestais.

Trata-se de uma árvore com entre 10 m e 20 m de altura e até 90 cm de diâmetro de tronco, que é dilatado na base – daí o nome popular barriguda. Suas folhas são compostas, digitadas, com de 8 a 12 folíolos lisos, com pecíolo longo e látex cáustico, que requer cuidado.

Como o mamão, espécie da mesma família, o jaracatiá é dioico, ou seja, existem árvores com flores masculinas e árvores com flores femininas. Por isso, é preciso plantar as duas para que haja a polinização cruzada e, consequentemente, a produção de frutos. Nas plantas machos, as flores são pequenas e se desenvolvem em panículas finas e compridas. Já nas plantas fêmeas, as flores nascem isoladas e são grandes, com pecíolo longo e uma espécie de fita amarelo-esverdeada. Em ambos os sexos, as flores têm cinco pétalas.

Os frutos são bagas alongadas, com pecíolo longo e cerca de 10 cm de comprimento, de coloração amarelo-alaranjada e pele fina e lisa que pode ser consumida juntamente com a polpa, que é farta e também alaranjada. Os frutos têm uma espécie de látex e são mais ricos em ferro, cobre, magnésio e fibras do que o mamão. Eles podem ser consumidos *in natura*, após o látex ser extraído. Na zona da mata pernambucana, a população risca com garfo a fruta e depois a deixa ela ao ar livre durante a noite para ela "serenar e soltar o leite".

Como a espécie está dispersa pelo Brasil, a época de floração e frutificação varia. No Sul e Sudeste, as florem surgem entre setembro e outubro e os frutos amadurecem a partir do mês de janeiro.

As sementes são escuras e podem ser plantadas em qualquer tipo de solo. Cerca de 80% delas germinam em menos de um mês. A espécie também pode ser propagada pelos brotos que nascem ao redor do tronco da planta-mãe e mantém suas características.

Joannesia heveoides

Castanha-de-arara, cotieira, cutieira, coco-de-purga, indá-açu, fruta-de-arara

Família *Euphorbiaceae*

A castanha-de-arara pode ser encontrada nas áreas de terra firme da Amazônia Central. Ela atinge de 10 m a 20 m de altura e tem tronco com até 80 cm de diâmetro, recoberto por casca rugosa, cinza-escura, com 1 cm a 2,5 cm de espessura e manchas liquênicas provocadas pela umidade da floresta. O fuste é retilíneo e os galhos formam uma copa piramidal e aberta que proporciona uma boa área de sombra. A madeira branco-amarelada é de baixa qualidade, utilizada apenas para a fabricação de objetos leves, como o revestimento interno de embarcações. Quando cortada ou ferida, a madeira exsuda resina esbranquiçada.

As folhas da castanha-de-arara são palmadas e, geralmente, apresentam um dos 5 folíolos menor que os outros. Os folíolos têm o ápice acuminado, são lisos na parte superior, mas na inferior apresentam uma leve pelugem de cor clara. As inflorescências são densas e se formam na ponta dos ramos, sustentadas por um longo pedúnculo. As flores hermafroditas são compostas por cinco pétalas, cerosas e perfumadas. Os frutos de cerca de 13 cm de diâmetro surgem verde-escuros ao longo de pecíolos grandes e pilosos, e se tornam marrons quando amadurecem. Alimento preferido de muitas araras – daí o nome popular castanha-de-arara –, eles têm o mesocarpo branco e carnoso e as sementes protegidas por um endocarpo duro. Além das araras, outras aves e animais, como os roedores que encontram os frutos caídos, ajudam na dispersão da espécie.

Na Amazônia, a florada ocorre na estação seca – agosto e setembro – e os frutos só amadurecem quase um ano depois, conforme índice pluviométrico. A propagação é por sementes que brotam em até 45 dias.

As pequenas flores são cerosas e perfumadas. Elas se reúnem nas pontas dos ramos

O formato redondo dos frutos gerou alguns dos nomes populares da espécie, como boleira e bagona

Joannesia princeps

Andá-açu, andá-guaçu, dandá, bagona, boleira, boleiro, cutieira, fruta-de-arara, fruta-de-cotia, purga-de-cavalo

Família *Euphorbiaceae*

Encontrada na Bahia, em Sergipe, no Espírito Santo, em Minas Gerais, no Rio de Janeiro e em São Paulo, a *Joannesia princeps* é bem parecida com a *Joannesia heveoides*. Ela mede de 10 m a 30 m de altura, tem copa densa, geralmente piramidal, e entre 20 cm e 90 cm de diâmetro de tronco, que é recoberto por casca cinza, fissurada, com cerca de 10 mm de espessura. Sua madeira é leve, amarelo-esbranquiçada e apropriada para a confecção de forros, revestimentos internos de embarcações e outras peças leves.

As folhas da árvore têm pecíolo longo, são digitadas e compostas por 3 ou 5 folíolos de 7,5 cm a 20 cm de comprimento por cerca de 5 cm de largura, verde-escuros e com ápice acuminado. As flores são brancas, medem cerca de 2 cm de diâmetro e nascem em panículas terminais de julho a setembro. Os frutos surgem em março e são bolas grandes muito instigantes. Eles medem cerca de 11 cm de diâmetro, são verdes quando imaturos e cinzentos após amadurecerem, podendo pesar até 340 g. O mesocarpo dos frutos é carnoso, fibroso, espesso e de grande importância para a alimentação da avifauna local. Mas não deve ser consumido pelo homem. Essas características dos frutos originaram alguns dos nomes populares da espécie: boleira e bagona, pelo tamanho e formato deles; e fruta-de-cotia ou cutieira, por serem um dos alimentos preferidos desse animal.

Para propagar a espécie é preciso retirar as sementes de dentro do endocarpo, que é duro, poroso, bege e oleaginoso. Elas podem ser armazenadas por até seis meses e a taxa de germinação é de cerca de 75%. O crescimento da muda no campo é muito rápido.

As folhas formadas por três ou cinco folíolos de até 20 cm de comprimento são muito bonitas

O pau-santo mede no máximo 8 m de altura

A árvore tem uma das mais belas folhagens do cerrado. As folhas surgem avermelhadas e, após se desenvolverem, ficam com nervuras muito bonitas

Kielmeyera variabilis
Pau-santo, folha-santa, pau-de-são-josé, saco-de-boi

Família *Calophyllaceae*

A árvore é típica do cerrado brasileiro, região que se caracteriza por ter duas estações bem definidas: uma com chuvas constantes e outra de seca implacável. A espécie pode ser encontrada em diversos estados: da Bahia ao Piauí, no Amazonas, no Maranhão, no Pará, no Mato Grosso, no Mato Grosso do Sul, em Goiás, no Tocantins, no Distrito Federal, em Minas Gerais e em São Paulo.

Conhecida como pau-santo, a árvore mede entre 4 m e 8 m de altura, tem diâmetro de tronco entre 20 cm e 40 cm e características típicas das espécies que crescem em regiões mais secas. Seus galhos são tortuosos, quase negros, com casca espessa do tipo cortiça – com espessura de até 3 cm –, resistente ao fogo. Quando ferida ou cortada, a madeira da espécie expele látex bege-avermelhado fino, utilizado, assim como as folhas, na medicina popular e na produção de corantes naturais.

As folhas estão entra as mais bonitas do cerrado. Elas são duras, com ápice arredondado e surgem vermelhas e muito vistosas. Quando se desenvolvem medem entre 10 cm e 17 cm de comprimento, por 5 cm de largura, e se tornam verde-escuras, com estrias aparentes que formam belos desenhos. A folhagem nasce alternadamente pelos galhos, tem pecíolo curto e cai no fim da estação seca, começo da chuvosa, quando a espécie fica encoberta por bela florada.

Por se tratar de uma espécie dioica, o pau-santo apresenta flores masculinas e femininas em plantas separadas. As flores surgem, de setembro a janeiro, dependendo da região, e se reúnem em grupos de até 18 nos rancemos terminais. Elas são grandes, carnudas, com cinco pétalas brancas ou rosadas perfumadas e inúmeros estames amarelos. Pássaros, abelhas e muitos outros insetos colaboram na polinização cruzada das flores.

Os frutos, que amadurecem a partir de setembro, têm cerca de 10 cm de comprimento e chegam a pesar 200 g. Eles são castanho-claros quando maduros e se abrem naturalmente, expondo sementes planas e castanho-amareladas que são dispersadas pelo vento.

As sementes podem ser armazenadas por um longo período. A taxa de germinação é alta e a ocorrência se dá em até dez dias após o plantio. O crescimento da muda no campo é lento.

Silvestre Silva

O pau-santo tem galhos retorcidos, flores brancas vistosas e perfumadas e frutos que se abrem naturalmente para expor as sementes aladas ao vento, o grande responsável pela dispersão da espécie

Os frutos marrom-escuros do dedaleiro medem até 8 cm de comprimento e amadurecem a partir de abril

Lafoencia pacari

Dedaleiro, pacari, pacari-do-mato, pacuri, copinho, dedal, louro-da-serra, mangabeira-brava, nó-de-cachorro

Família *Lythraceae*

A espécie é encontrada em diversos tipos de hábitat e regiões do Brasil. Nas florestas de altitude, ela chega a atingir 20 m de altura. No cerrado, tem tamanho reduzido e fica com galhos retorcidos, como é comum às espécies típicas dessa vegetação. A madeira da árvore é tão resistente que no passado ela foi utilizada para fazer eixo dos carros de boi e cabos para ferramentas. Atualmente, no Sul e no Sudeste, o dedaleiro é utilizado no paisagismo urbano devido à beleza e às raízes que não são muito agressivas e crescem verticalmente.

O tronco da espécie mede até 60 cm de diâmetro e tem casca cinzenta, com manchas esbranquiçadas, rugosa, que se solta em lascas. As folhas em forma de lança medem entre 8 cm e 15 cm de comprimento por cerca de 4 cm de largura, são coriáceas, lisas e com estrias visíveis. As lascas da casca e as folhas são utilizadas na medicina popular.

As florada do dedaleiro ocorre entre a primavera e o verão é o grande atrativo da árvore. As flores surgem na parte terminal dos ramos, reunidas em até 20, em panículas. Elas são hermafroditas, têm pétalas brancas, longos estames, cálice amarelado, com margens pregueadas e se parecem dedais, daí o nome popular dedaleiro. Cada flor mede cerca de 2 cm de comprimento por 1,5 cm.

Os frutos amadurecem a partir do mês de abril e são capsulares e marrom-escuros. Eles medem de 4 cm a 8 cm de comprimento, por cerca de 3 cm de largura, e são sustentados por um longo pecíolo. Quando os frutos amadurecem, abrem-se naturalmente para dispersar as sementes, que são recobertas por uma membrana fina de coloração amarelo-terra. Em algumas regiões do Brasil, essa membrana é utilizada por passarinhos para confecção de ninhos, juntamente com outros materiais.

A árvore pode ser plantada tanto sob sol pleno quanto meia-sombra. As sementes demoram cerca de 15 dias para germinar. O crescimento da muda no campo é rápido. Ela é indicada para reflorestamentos.

Quando os frutos capsulares amadurecem liberam as sementes pela ponta, que fica voltada para baixo. As sementes caem e são levadas pelo vento

O nome popular da árvore, dedaleiro, faz referência ao formato tubular das flores, que as deixa parecidas com os dedais usados pelas costureiras

Silvestre Silva

L

Lecythis pisonis

Sapucaia, castanha-sapucaia, cumbuca-de-macaco, caçamba-do-mato, marmita-de-macaco

Família *Lecythidaceae*

A sapucaia é considerada uma das árvores mais bonitas e elegantes do Brasil. Pela bela florada e pelo aspecto do fruto, a espécie chamou a atenção dos portugueses logo que eles desembarcaram por aqui. Padre José de Anchieta, em carta ao seu superior padre Diogo Laines, descreveu a árvore assim: "Seu fruto admirável é semelhante a uma panela. A tampa, como que trabalhada a torno, com que está pendente da árvore, abre-se por si quando amadurece e apresenta dentro muitos frutos, semelhantes à castanha (...) agradabilíssimos ao paladar".

De lá para cá a sapucaia se tornou popular e virou sobrenome de família e nome de cidades nos estados do Rio de Janeiro, do Mato Grosso do Sul, do Rio Grande do Sul e do Pará – único local que ainda abriga um grande número da espécie. Na Floresta Amazônica, no Alto Rio Negro, a árvore chega a medir mais de 40 m de altura e ter tronco de mais de 2 m de diâmetro. Na Mata Atlântica seu porte é reduzido, chega no máximo a 15 m.

A florada cor-de-rosa ocorre entre o inverno e a primavera, mesma época em que as folhas se renovam e brotam verde-rosada, aumetando ainda mais o colorido exuberante da espécie. As flores se reúnem em grupo de até 15 nos nos racemos terminais e se tornam esbranquiçadas com o tempo. Elas exalam um perfume muito agradável e formam um tapete colorido sob a copa quando caem. Roedores e outros bichos da floresta se alimenta da suas pétaqlas carnuadas.

Os frutos lenhosos chegam a medir mais de 25 cm de diâmetro e pesar 8 kg. Eles são pixídios e têm uma tampa que se abre naturalmente para expor as sementes compridas e de formato irregular. Comestíveis, as sementes ou castanhas têm polpa branca, adocicada, tão ou mais saborosa que a castanha do Brasil.

Quando plantadas, sob sol pleno ou meia-sombra, as sementes demoram pouco mais de dois meses para germinar. O crescimento da muda é lento.

Na Mata Atlântica e no campo, a sapucaia costuma medir até 15 m de altura

As folhas jovens brotam rosadas na mesma época da florada, o que aumenta o efeito ornamental da sapucaia. Quando caem, as flores servem de alimento para diversos bichos. Os frutos superinstigantes chegam a pesar 8 kg e abrigam saborosas sementes

Na Serra da Mantiqueira entre São Paulo e Minas Gerais é possível apreciar belos exemplares da árvore distribuídos pelas matas e pastagens

A casca da árvore parece cortiça. Como retém água, o tronco fica recoberto por epífitas

Os frutos abrigam sementes que brotam facilmente

Leucochloron incuriale

Cortiça, corticeira, chico-pires, angico-rajado, angico-do-campo, sucupira-do-campo, pau-piú

Família *Fabaceaea*

A corticeira pode ser observada nas florestas semidecíduas de altitude dos estados da Bahia, do Rio de Janeiro, de Minas Gerais, de São Paulo, de Goiás, do Paraná e, mais raramente, do Mato Grosso até o Pará. Ela mede até 25 m de altura e o tronco de indivíduos adultos chega a medir 70 cm de diâmetro. O fuste tem formato irregular, mas é possível reconhecê-lo pela casca do tronco, que é espessa parda e parecida com cortiça. Tal característica é aproveitada por orquídeas, bromélias, filodendros e outras espécies epífitas que se fixam à corticeira para absorver alimento da umidade retida na casca.

A copa da corticeira é redonda, elegante e formada por folhas compostas, bipinadas, com de 6 a 13 pares de pinas e de 10 a 17 pares de pequenos folíolos – um dos menores do gênero –, lisos na parte superior e com leve pelugem na inferior. As flores se formam, solitárias ou em pares, nas axilas das folhas. Elas são pequenas e amareladas, parecidas com pompons, e sustentadas por um pedúnculo fino, longo e ferrugíneo. Os frutos são vagens achatadas, curvadas, amareladas e aveludadas, com entre 10 cm e 15 cm de comprimento, por até 2,5 cm de largura, que se abrem naturalmente. Em geral, as flores surgem entre setembro e novembro e as vagens amadurecem a partir do mês de agosto.

As sementes, achatadas, lisas e amareladas, demoram um mês para brotar. A taxa de germinação é alta quando a espécie é plantada na sombra e depois transplantada para a meia-sombra ou sol pleno.

A corticeira mede até 25 m de altura e é encontrada do Nordeste ao Sul do Brasil

Licania tomentosa

Oiti, oiti-da-praia, oiti-mirim, goiti, guaiti, morcegueira

Família *Chrysobalanaceae*

O oiti é uma das árvores mais comuns no paisagismo urbano do Brasil. Isso porque, apesar de ter uma copa larga, suas raízes não são muito agressivas e crescem verticalmente, não danificando calçadas ou ruas. Em jardins, por ser bastante ramificada, a espécie costuma ser topiada, o que reduz seu crescimento.

A árvore habita a Mata Atlântica de diversas regiões, mede até 20 m de altura e tem tronco com mais de 60 cm de diâmetro, recoberto por casca parda, áspera e que se solta em lascas. A madeira do fuste é dura, inodora e apropriada para construção civil, naval e para a movelaria de luxo.

As folhas do oiti têm a ponta acuminada e são verde-escuras na parte superior e tomentosas e esbranquiçadas na inferior. Elas medem cerca de 12 cm de comprimento por 4,5 cm de largura e surgem alternadas pelos ramos.

As inflorescências em forma de cacho são pendentes e se formam nas axilas das folhas. A época varia de uma região para a outra. As flores são hermafroditas, compostas por cinco pétalas de aproximadamente 3 mm, brancas e levemente perfumadas, o que atrai beija-flores, abelhas e muitos outros insetos. Os frutos são drupas oblongas, com entre 4 cm e 9 cm de comprimento, amarelo-alaranjados quando maduros. A polpa deles é fibrosa, amarelada, levemente adocicada e adorada pelos bichos da floresta, principalmente por roedores e morcegos. Por isso, o oiti também é conhecido como morcegueira.

A semente de até 6 cm de comprimento é considerada grande para o tamanho do fruto. Quando plantada, ela germina em menos de um mês e o crescimento da muda no campo é rápido. O cultivo pode ocorrer sob sol pleno ou meia-sombra.

Apesar da copa larga, o oiti é uma das árvores mais usadas no paisagismo urbano do Brasil. Isso porque suas raízes não são agressivas

Os frutos amarelos do oiti chegam a medir 9 cm de comprimento. Sua polpa fibrosa não agrada muito nosso paladar, mas é adorada por morcegos. Daí outro nome popular da espécie ser morcegueira. A época da frutificação varia de um estado para o outro

A árvore é nativa da Mata Atlântica e de restingas. Mas ela se espalhou pelo Brasil como espécie cultivada. No Nordeste, o oiti frutifica mais

Na Amazônia, seu hábitat, a lofantera atinge até 20 m de altura. O povo da floresta usa partes da planta na medicina popular, inclusive para baixar a febre causada pela malária

Os cachos de flores chegam a medir 45 cm de comprimento e surgem em grande quantidade. Por isso, a florada da espécie é considerada uma das mais belas da natureza

Lophantera lactescens

Lofantera, lofantera-do-amazonas, chuva-de-ouro, chuva-de-ouro-do-amazonas, lanterneira

Família *Malpighyaceae*

O apelido chuva-de-ouro faz jus a esta árvore. Sua florada amarela é realmente muito rica. Nas matas de várzea altas, nas matas primárias e nas formações secundárias da região amazônica, o hábitat da espécie, as flores surgem entre setembro e dezembro. Mas no jardim, a época de floração varia conforme a região de cultivo. No Sudeste, ela acontece de entre janeiro a maio, por exemplo.

As flores têm cerca de 7 mm de diâmetro, mas se reúnem em inflorescências pendentes que chegam a medir 45 cm de comprimento, proporcionando um efeito visual impressionante em qualquer tipo de ambiente. Os frutos surgem em pares na própria haste floral e são pequenos, ovalados e ficam verde-acinzentados quando maduros.

A lofantera atinge de 10 m a 20 m de altura e até 40 cm de diâmetro de tronco e tem ramos marrons desde a base que ficam com cicatrizes foliares. Sua copa é piramidal e as folhas simples, lisas e com o ápice arredondado, medem entre 16 cm e 22 cm de comprimento por cerca de 10 cm de largura e têm nervuras marcantes. A face inferior delas é verde mais clara. Quando surgem – o que costuma ocorrer na mesma época das flores – as folhas são amareladas e possuem látex, que depois seca.

A propagação da espécie é feita por sementes que são pequenas, duras, quase negras e demoram pouco mais de 30 dias para brotar. O cultivo deve ocorrer sob sol pleno, a taxa de germinação é baixa e o crescimento lento.

Silvestre Silva

A açoita-cavalo mede até 30 m de altura e suas flores nascem com tons diferentes: róseo, amarelo, esbranquiçado...

Luehea divaricata

Açoita-cavalo, açoita-cavalo-branco, açoita-cavalo-vermelho, açoita-cavalo-amarelo, açoita-cavalo-miúdo, estriveira, ivitinga, ibatinga, pau-de-canga, pau-de-estribo, saco-de-gambá

Família *Malvaceae*

A quantidade de nomes populares desta árvore confirma sua popularidade. Ela é nativa de formações secundárias, de capoeiras, de matas ciliares e dos cerrados do Nordeste, do Centro-Oeste, do Sudeste e do Rio Grande do Sul, no Paraná. Em geral, os nomes populares da árvore fazem referência a alguma de suas características. Açoita-cavalo, por exemplo, indica que seus ramos são flexíveis e, por isso, ideais para servir de chicote. Já os apelidos pau-de-canga e pau-de-estribo foram atribuídos porque a madeira é utilizada para a confecção dessas peças.

Um dos aspectos mais interessantes da *Luehea divaricata* é o colorido das flores, de cerca de 2,5 cm de diâmetro, que surgem em grupo de até 40 nas pontas dos ramos. Em uma mesma árvore, elas podem apresentar tonalidades diferentes: amarela, rósea, branca, lilás, roxa, azulada. A época da florada varia de uma região para outra. No Sudeste e no Centro-Oeste, ela acontece entre setembro e outubro.

Os frutos costumam amadurecer três meses depois da floração. Eles são cápsulas alongadas, ferrugíneas, de cerca de 3 cm de comprimento, recobertas por pelugem. Para liberarem as sementes, os frutos se abrem naturalmente em cinco partes e adquirem um aspecto peculiar. Por isso, depois que secam, são aproveitados para a produção de artesanato.

A árvore mede 10 m a 30 m de altura e tem até 80 cm de diâmetro de tronco, que é recoberto por casca áspera, de cerca de 25 mm de espessura, fissurada e descamante. Do lado interno, a casca é avermelhada e rica em tanino. Por isso, até pouco tempo atrás, ela era utilizada para curtir couros e fornecer fibras e resinas a curtumes.

Por ser uma uma espécie divaricada, o açoita-cavalo pode ter múltiplos troncos, o que compõe uma copa frondosa que proporciona uma boa área de sombra. A madeira dos tronco é rósea, estriada e apropriada para a confecção de móveis, objetos artesanais luxuosos e hélice de aviões. Já as folhas que compõem a copa são simples, alternas, ásperas, verde-escuras na parte superior e esbranquiçadas e com pelugem na inferior. Elas medem aproximadamente 4,5 cm a 12 cm de comprimento por 3 cm a 6 cm de largura e têm formato oblongo, margens denteadas e, antes de caírem, ficam amareladas.

A propagação da espécie é feita por sementes, que devem ser cultivadas sob sol pleno e demoram cerca de dois meses para brotar. A taxa de germinação varia de 20% a 80%, conforme a região.

A espécie ficou conhecida como açoita-cavalo porque seus ramos flexíveis são usados como chicote

No Sudeste e Centro-Oeste, a açoita-cavalo floresce na primavera

Os frutos são pilosos com tons de amarelo e ferrugem

As folhas têm borda denteada e ficam amareladas antes de cair

O fuste da árvore pode ser formado por múltiplos troncos

M

Machaerium aculeatum
Jacaraná-de-espinho, jacarandá-bico-de-pato, pau-de-angu

Família *Fabaceae*

O tronco desta árvore mede até 50 cm de diâmetro, tem casca parda-acinzentada e muitos espinhos pontiagudos de até 3,5 m de comprimento. Tal característica gerou o nome popular jacarandá-de-espinho e é um dos motivos de a árvore, de florada espetacular, não ser tão explorada no paisagismo.

As inflorescências são panículas grandes que brotam nas axilas das folhas e são compostas por pequenas flores lilases e levemente perfumadas. A florada ocorre na época de chuva, o que varia conforme a região do Brasil. No Sudeste, a floração acontece entre janeiro e março, no pantanal matogrossense, de setembro a dezembro.

Os frutos se formam na ponta das hastes florais, aproximadamente seis meses após a florada. Eles têm o formato de sâmara – possuem "asa" – são verdes e ficam bege quando amadurecem. Como acontece com outras espécies do gênero *Machaerium*, os frutos não se abrem naturalmente. Eles são formados por tecidos fibrosos que se rompem com a ação do tempo.

Durante a estação seca, o jacarandá-de-espinho perde a folhagem parcialmente. As folhas são verde-escuras, imparapinadas, compostas por até 45 pequenos folíolos, lisos, com a ponta arredondada e leve pelugem na parte inferior.

É uma árvore com entre 5 m e 15 m de altura, de copa piramidal, que habita diversas áreas florestais do Brasil: pedreiras, várzeas úmidas e pantaneiras, encostas da Serra do Mar e montanhas. É mais comum encontrá-la do Sudeste ao Sul e no Centro-Oeste, mas também é possível avistá-la de Pernambuco até a Bahia. O nome científico do gênero se refere ao formato dos frutos – em latim *Machaerium* quer dizer sabre – enquanto o nome da espécie *aculeatum* significa espinho ou agulha.

O jcarandá-de-espinho se propaga por sementes que são pequenas, bege e demoram cerca de 30 dias para brotar. A taxa de germinação é baixa e o crescimento da muda é rápido, mas apenas na fase inicial.

A árvore tem copa piramidal e florada lilás muito bonita. Ela só não é mais explorada no paisagismo porque seu tronco é recoberto por espinhos

O jacarandá-do-cerrado mede até 15 m de altura e tem folhas rígidas e ásperas muito bonitas. O tronco parece com cortiça e acumula água para que a espécie sobreviva em períodos de estiagem

Machaerium opacum

Jacarandá-do-cerrado, jacarandá-do-campo, jacarandá-cascudo, jacarandá-piloso

Família *Fabaceae*

O nome popular jacarandá-do-cerrado indica a procedência desta árvore, encontrada nas regiões Sudeste e Centro-Oeste, principalmente no Mato Grosso e em Tocantins. Ela mede entre 5 m e 15 m de altura, e tem tronco de até 50 cm de diâmetro, recoberto por casca do tipo cortiça, o que ajuda a espécie a suportar os períodos de estiagem típicos do seu hábitat. Seus galhos curtos e tortuosos também são característicos de espécies que vivem em regiões mais secas. Além disso, caso haja queimadas, a árvore rebrota com facilidade.

As folhas da espécie são consideradas grandes quando comparadas a de outros jacarandás. Na forma de raque, elas medem até 18 cm de comprimento e são compostas por entre 11 e 17 folíolos, de cerca de 5 cm de comprimento por 3,5 cm de largura. Os ramos das raques são acinzentados e os folíolos – verde-escuros na face superior e verde-claros na inferior – são rígidos e pilosos.

As inflorescências da árvore são panículas de até 20 cm de comprimento, formadas por pequeninas flores brancas, levemente perfumadas, que atraem abelhas. Os frutos, assim como os de outras espécies do gênero, têm o formato de sâmara e são alados. Eles medem até 7 cm de comprimento e abrigam sementes achatadas e cinza. No Sudeste, a florada ocorre entre julho e setembro e os frutos amadurecem a partir do mês de abril.

A árvore se propaga por sementes, que demoram cerca de um mês para brotar. A taxa de germinação é baixa e o desenvolvimento da muda é lento. O plantio deve ser feito sob sol pleno.

Mahaerium villosum

Jacarandá, jacarandá-do-mato, jacarandá-tã, jacarandá-do-cerradão, jacarandá-paulista, jacarandá-de-minas

Família *Fabaceae*

A madeira desta espécie tem muita qualidade. Por isso, ela é uma das árvores mais dizimadas do Brasil. Ela habita a Mata Atlântica e as florestas semidecíduas e ombrófilas densas, principalmente de Minas Gerais. Mas também pode ser apreciada nos outros estados do Sudeste e do Centro-Oeste até o Paraná, no Sul.

Em matas mais secas, esse jacarandá atinge cerca de 20 m de altura, nas outras formações vegetais chega a ter porte de 30 m e diâmetro de tronco de até 80 cm. A casca que recobre o fuste é cinza ou amarronzada e se solta em pequenas placas retangulares. Quando cortado ou ferido, o tronco expele goma avermelhada e pegajosa. A copa da árvore é elegante, formada por muitos galhos e por folhas com 20 cm a 30 cm de comprimento, compostas por folíolos verde-claros, com ápice acuminado, com 6 cm a 10 cm de comprimento por cerca 2,5 cm de largura, duros, ásperos na parte superior e com pilosidade na inferior.

Em algumas regiões, a árvore pode florescer o ano inteiro, e ainda com mais intensidade entre dezembro e janeiro. Mas também não é raro a espécie apresentar poucas ou nenhuma flor por até dois anos. Esbranquiçadas e hermafroditas, as flores são polinizadas principalmente por abelhas. A frutificação pode ocorrer de maio a setembro, conforme a região. Os frutos com cerca de 5 cm de comprimento, por 2 cm de largura, na forma de sâmara, são secos e bege quando maduros.

O jacarandá pode ser propagado por sementes – que são bege e achatadas e de tamanho uniforme. A taxa de germinação é baixa e, quando acontece, demora cerca de dois meses. O cultivo inicial deve ser na sombra. Depois, a espécie precisa de sol pleno.

As folhas medem até 30 cm de comprimento e são compostas por folíolos duros e com pilosidade na face inferior

Quem viaja pela Rodovia Fernão Dias, que liga São Paulo a Belo Horizonte, pode ver belos jacarandás ao longo da estrada

M

Em cada região do Brasil, esta espécie é conhecida por um nome popular. Em Rondônia e no Tocantins, ela é chamada de Moreira; no Mato Grosso, de limãorana; no Mato Grosso do Sul, de mora; no Pará, no Maranhão e em outros estados do Norte e Nordeste seu apelido é amora-do-mato ou amora-brava

A taiúva não tem frutos, mas infrutescências que resultam da fecundação das muitas flores que compõem uma inflorescência

Maclura tinctoria

Taiúva, tajuva, amora-branca, amora-do-mato, amarelinho, limãorana, pau-amarelo, tatajuba, tataíba, tatajiba, jataíba, tatané, taúba, pau-de-fogo

Família *Moraceae*

Amplamente disseminada pelo Brasil, a espécie é parente da jaca, da fruta-pão, da amora-preta, entre outras frutíferas. Seu nome científico, *tinctoria*, é uma referência ao látex amarelado – muito utilizado como corante –, exsudado pela casca da árvore. Já seu nome popular, taiúva, significa pau-amarelo em tupi-guarani e refere-se à cor do tronco.

A espécie mede até 20 m de altura e tem fuste, geralmente, curto, com até 60 cm de diâmetro. Sua copa é frondosa e proporciona uma boa área sombreada. Os ramos são repletos de espinhos e as folhas alternas são simples, lanceoladas, com ponta acuminada, bordas serrilhadas e pilosidade quando jovens. O tamanho delas varia de 8 cm a 15 cm de comprimento por 3 cm a 5 cm de largura.

O que determina a época da florada da taiúva é o índice pluviométrico do local. No Sudeste e Centro-Oeste, as flores surgem entre setembro e outubro e a frutificação ocorre dois ou três meses depois. Como se trata de uma árvore dioica, ela têm flores femininas e masculinas em exemplares separados. Ambas são pequenas e esverdeadas, mas as femininas surgem solitárias nas axilas das folhas e as masculinas se distribuem ao longo de hastes. Curiosamente, a estrutura chamada de fruto é uma infrutescência – um conjunto de frutos pequenos originados pela fecundação das muitas flores de uma inflorescência – verde-clara quando madura e com até 3 cm de comprimento. O gosto da polpa é adocicado e consumido por pássaros, especialmente o sabiá, e por morcegos frugíferos que ajudam a dispersar a espécie.

A árvore se propaga por sementes, que germinam rápido e uniformemente em até 15 dias. Também é possível multiplicá-la pela cultura de tecidos vegetais, uma espécie de clonagem.

A árvore de folhagem ornamental é frequente na beira das matas de igarapó do Rio Negro, na Amazônia. Quando seus frutos caem, na época de cheia, servem de alimento a peixes, como o tambaqui. Por isso, o nome popular: fava-de-tambaqui

Macrolobium acaciifolium

Arapari, arapari-verdadeiro, arapari-da-várzea, arapari-do-igapó, arapani, raparigueira, fava-de-tambaqui

Família *Fabaceae*

Arapari é uma árvore muito elegante, comum nas margens de rios, igarapés, lagos e áreas inundáveis da Amazônia. Mas também pode ser encontrada em outros estados do Norte e eventualmente em Goiás, na região Centro-Oeste. Fora do Brasil, habita a Bolívia, a Colômbia, as Guianas, o Equador, o Peru e a Venezuela.

A espécie mede entre 8 m e 23 m de altura e até 60 cm de diâmetro de tronco, que é recoberto por casca acinzentada e levemente estriada. O fuste é ereto e a copa, grande e aberta, é formada por folhagem muito ornamental. As folhas parapinadas são longas e compostas por até 30 folíolos pequenos, lisos e duros, com cerca de 1 cm de comprimento e ápice arredondado. A face superior das folhas é verde-escura e a inferior verde-clara, o que proporciona à copa um belo efeito visual.

Entre os meses de maio e setembro, a arapari floresce e atrai muitos beija-flores e borboletas. As flores surgem ao longo dos racemos curtos, são esbranquiçadas, com até 3 cm de comprimento e cálice tubuloso repleto de estames longos e vermelhos. Os frutos costumam amadurecer em janeiro, mas a frutificação pode adiantar ou atrasar de acordo com o índice pluviométrico do ano. Arredondados, achatados e lenhosos, os frutos medem cerca de 4,5 cm de diâmetro e, quando maduros, ficam marrom-avermelhados e se abrem naturalmente. As sementes têm o mesmo formato dos frutos e medem cerca de 3 cm de diâmetro. Tartarugas, piranhas e peixes grandes, como a pirarara e o tambaqui, são consumidores assíduos das sementes que caem nos rios, ajudando a dispersar a espécie.

Quando plantadas, as sementes demoram no máximo dois meses para brotar. A taxa de germinação é alta. O cultivo deve ocorrer sob sol pleno, em áreas úmidas, de preferência alagadas temporariamente.

Os frutos surgem verdes e ficam marrons quando amadurecem. Geralmente, eles abrigam apenas uma semente

Manilkara huberi

Maçaranduba, maçaranduba-verdadeira, maçaranduba-balata, maçaranduba-de-leite, maçaranduba-mansa, maçaranduba-da-terra-firme

Família *Sapotaceae*

A maçaranduba é uma das árvores mais importantes e longevas da Amazônia. Ela produz madeira dura, resistente, altamente durável, que suporta desde ataque de insetos até altos índices de umidade, podendo ser, inclusive, enterrada. Por isso, a espécie tem alto valor comercial, é muito explorada e consta como vulnerável na lista de espécies ameaçadas de extinção.

Com entre 30 m e 50 m de altura, a maçaranduba tem copa ampla e densa que pode ser avistada, de muito longe, no dossel da floresta. Seu tronco cilíndrico chega a ter 3 m de diâmetro e é recoberto por casca avermelhada repleta de fendas. Essas dimensões da espécie chamaram a atenção do entomólogo inglês Henry Walter Bates (1825 – 1892), autor da obra *O Naturalista no Rio Amazonas*, na qual relata que ficou surpreso e entusiasmado ao ver a frondosa maçaranduba nos arredores de Belém do Pará.

As folhas das árvores se formam apenas no ápice dos ramos. Elas medem entre 10 cm e 20 cm de comprimento, têm ápice arredondado ou agudo, leve pelugem, estrias retas e salientes, pecíolo curto e cor verde-escura na face superior e cinza-prateada na inferior.

As flores – que também surgem nas pontas dos ramos –, são inicialmente brancas e, após a polinização, as sépalas assumem uma coloração púrpura e as pétalas caem. No entanto, a florada é irregular. A árvore pode ficar mais de dois anos apresentando pouca ou nenhuma flor. Os frutos, com cerca de 3 cm de diâmetro, são globosos e verdes, mesmo quando maduros. Eles abrigam de uma a quatro pequenas sementes envolvidas por polpa doce e saborosa que tem látex levemente pegajoso. A floração ocorre de maio a setembro e a frutificação, de janeiro a março.

A maçaranduba é uma espécie de difícil regeneração natural e, quando semeada, pode demorar até seis meses para germinar. A velocidade de crescimento da muda é moderada.

Existem outras espécies conhecidas como maçaranduba. Mas essa é a original, a da madeira mundialmente reconhecida.

Uma curiosidade: desde a década de 1970, a fábrica do projeto Jarí Celulose, na cidade de Monte Dourado, no Pará, é sustentada por 3.700 imensas toras de maçaranduba.

Chamado de balala, o látex expelido pelos frutos e por outras partes da planta já foi muito utilizado na produção da goma de mascar

As folhas são verdes, quase prateadas, na face inferior

A madeira da maçaranduba é reconhecidamente uma das mais resistentes do mundo

A madeira da árvore é muito resistente já foi utilizada em vigas de casa e dormentes. Nas fazendas e cidades históricas de Minas Gerais, ainda é possível ver construções intactas feitas com braúna no período barroco

Melanoxylon brauna

Braúna, baraúna, braúna-preta, braúna-do-mato, braúna-do-campo, baraúna-verdadeira, graúna, ibirana, ibiurana, paravaúna, maria-preta

Família *Fabaceae*

A braúna consta como vulnerável na lista de espécies ameaçadas de extinção. O principal motivo é a exploração desenfreada de sua madeira, considerada de alta qualidade. Outras causas são a destruição contínua da Mata Atlântica, seu hábitat, e as sementes, que são pouco viáveis.

A árvore mede entre 15 m a 25 m de altura e tem tronco de cerca de 60 cm de diâmetro. O fuste é curto e recoberto por casca cinza-escura, rica em tanino e com propriedades medicinais. A copa proporciona uma boa área de sombra e é formada por folhas verde-escuras, compostas por 15 a 29 folíolos, lisos, opostos, de ápice acuminado e cerca de 5 cm de comprimento por 1,5 cm de largura.

As flores, polinizadas, principalmente por abelhas, são compostas por cinco pétalas e medem apenas 3 cm de diâmetro.

Mas surgem em grande quantidade em panículas terminais, colorindo a copa de amarelo. Os frutos são leguminosos, curvos, com até 13 cm de comprimento por 3 cm de largura e se abrem naturalmente. Cada fruto possui até 15 sementes, com aproximadamente 10 mm de comprimento, de coloração bege a marrom-escura. A floração ocorre entre fevereiro a abril e os frutos amadurecem a partir de setembro.

A propagação da braúna é feita por sementes que demoram até um mês para brotar. A taxa de germinação é baixa e o crescimento da muda no campo, lento.

A espécie ornamental não se regenera facilmente e já foi amplamente explorada. Por isso, está ameaçada de extinção

Mezilaurus itauba

Itaúba, itaúba-amarela, itaúba-preta, itaúba-abacate, itaúba-grande, itaúba-verdadeira, louro-itaúba, lorê

Família *Lauracee*

A Amazônia possui aproximadamente 23 mil km de extensão de rios navegáveis e cerca de 100 mil barcos de todas as modalidades. A itaúba tem a ver com isso por ser uma das madeiras mais empregadas na construção das embarcações.

A árvore habita as matas de terra firme não inundáveis da floresta. É possível vê-la em grande quantidade no Parque Nacional Pico da Neblina, localizado no norte do Amazônas, e no Projeto Jarí, em Monte Dourado, no Pará. No Mato Grosso existe o município de Itaúba, batizado assim pela abundância da espécie no passado. Em menor quantidade, a itaúba também é encontrada no Acre, no Amapá, em Macapá, em Rondônia e, fora do Brasil, nas Guianas, no Suriname e na Venezuela.

Trata-se de uma árvore longeva com até 40 m de altura e 80 cm de diâmetro de tronco, de cerne amarelo-oliva e alburno bege-claro. A madeira é de alta qualidade e durabilidade – com densidade de 0,96 g/cm^3 –, resistente ao ataque de cupins e fungos. O tronco é cilíndrico e recoberto por casca pardacenta, que se solta em pequenas lascas.

A copa da itaúba é arredondada e pequena em relação ao porte da árvore. As folhas se formam nas pontas dos ramos e são alternas, simples, coriáceas, com cerca de 14 cm de comprimento por até 8 cm de largura e nervuras aparentes, principalmente a central.

As flores se formam em racemos finos e axilares, com 7 cm a 14 cm de comprimento. Elas são hermafroditas, de coloração amarelo-esverdeada e procuradas por abelhas e outros insetos que colaboram na polinização. Os frutos de formato elíptico são bagas de coloração preta quando amadurecem e medem cerca de 2 cm de comprimento por 1 cm de largura. Eles apresentam pouca polpa, de sabor adocicado, mas pouco apreciado. A semente bege, de casca quebradiça, é grande. No hábitat da itaúba, a floração ocorre entre os meses de março a abril e a frutificação ocorre entre junho e agosto.

A espécie se propaga por sementes, que demoram cerca de 50 dias para brotar. A taxa de germinação é baixa e o crescimento da muda é lento. A regeneração na floresta é considerada boa.

A árvore chega a medir 40 m de altura. Sua madeira resiste ao ataque de cupins e fungos

Na região amazônica, a itaúba é uma das madeiras mais empregadas na construção de barcos

As folhas do maricá são parapinadas e ornamentais. Os frutos surgem em pencas e se tornam marrons quando amadurecem

As flores branco-amareladas e no formato de pompom surgem intensamente no verão

Mimosa bimucronata

Maricá, maricazeiro, angiquinho, aranha-gato, espinheiro-de-cerca, juqui-de-cerca, espinho-de-maricá, unha-de-gato

Família *Fabaceae*

A espécie de pequeno porte é encontrada da Paraíba até a Bahia e do Espírito Santo ao Rio grande do Sul. Como se multiplica rapidamente, ela forma grandes concentrações em baixadas úmidas, alagadas ou terrenos arenosos próximos a rios e lagoas, principalmente dos estados do Sul e do Sudeste. Fora do Brasil, está presente na Argentina, no Paraguai e no Uruguai.

O maricá mede de 5 m a 12 m de altura, tem tronco curto, multirramificado desde a base, com até 45 cm de diâmetro, recoberto por casca cinzenta, áspera que se solta em pequenas placas. Apresenta copa larga e baixa formada por folhas paripinadas, compostas por até 10 pares de folíolos e 30 jugos – pequenos folíolos – de cerca de 12 mm de comprimento, por 2,5 cm de largura. As folhas verde-escuras e de pecíolo curto caem na estação seca, pouco antes da florada.

As flores se formam em grandes e densas panículas pendentes, na parte terminal dos ramos. Elas têm inúmeros estames que lhe proporcionam formato de pompom e são branco-amareladas e hermafroditas. No Sul e no Sudeste do Brasil, a floração ocorre entre os meses de dezembro e maio e pode ser intensa em um ano e mirrada no outro.

Os frutos, em forma de vagem achatada, surgem em pencas e se tornam avermelhados à medida que amadurecem, o que ocorre entre abril e julho. Eles pedem de 2,5 cm a 6 cm de comprimento e são divididos em seguimentos que demarcam o formato das sementes – de 2 a 8 por fruto. Bege, duras e achatadas, as sementes são leves e demoram cerca de 40 dias para brotar. A taxa de germinação é de cerca de 75% e o cultivo deve ocorrer sob sol pleno, em qualquer tipo de solo. Por isso, o maricá é indicado para recuperar áreas degradadas.

O maricá mede, no máximo, 12 m de altura. No paisagismo, ele é explorado como cerca viva por apresentar espinhos

M

Mimosa tenuiflora
Jurema-preta, jurema-branca

Família *Fabaceae*

A jurema é uma árvore respeitada no Brasil. Ela é considerada a rainha do sertão e virou nome de gente, de cidade, de logradouros públicos, de música, de casa de comércio, de animal de estimação e até de festa popular. A árvore ganhou fama por apresentar raízes, cascas e folhas com propriedades medicinais, utilizadas pelas indústrias farmacêutica, de cosméticos, de limpeza e de higiene. Além disso, suas flores produzem mel de alta qualidade. Os indígenas do Nordeste brasileiro já conheciam essa característica e utilizavam muitas partes da árvore em rituais. Depois, a jurema também passou a fazer parte de cultos cristãos.

É uma espécie de 5 m a 8 m de altura, com fuste retilíneo, geralmente curto, recoberto por casca rugosa, bastante escura, o que originou seu outro nome popular, jurema-preta. A entrecasca é avermelhada e rica em tanino, por isso, já foi utilizada para curtir couro, principalmente de bodes, tão frequentes no sertão.

Bastante ramificada e arredondada, a copa da espécie proporciona uma boa área de sombra aos animais e passantes da caatinga. Suas folhas são compostas, alternas, com 4 a 7 pares de pinas, formadas por entre 15 e 33 pares de folíolos, verde-escuros e lisos. A folhagem cai na estação seca, mas bastam as primeiras chuvas para voltar brotar. As flores da espécie, com entre 4 cm e 8 cm, brotam em espigas axilares, entre setembro e janeiro, e são perfumadas. Elas podem ser brancas ou lilases, mas alguns exemplares, curiosamente, apresentam flores que nascem brancas e se tornam lilases com o tempo.

Os frutos se abrem naturalmente quando amadurecem, de fevereiro a abril, e são vagens de até 5 cm de comprimento, marrons. A casca deles é fina e fácil de quebrar. O interior abriga de quatro a seis sementes marrom-claras, pequenas, ovais, achatadas e duras, que são dispersadas por passarinhos ou bichos que encontram os frutos caídos no chão.

Pela beleza, a jurema-preta é indicada para o paisagismo. E pela rusticidade – se desenvolve em qualquer tipo de solo – é muito utilizada em reflorestamentos.

A jurema-preta é considerada a rainha do sertão pelo formato da copa e pela florada espetacular. O mais comum é encontrar exemplares com flores brancas ou lilases (acima). Mas, curiosamente, há árvores com flores que surgem brancas e se tornam lilases com o tempo (à esquerda)

Minquartia guianensis

Acariquara, acariquara-rocha, acari, acaximba, arariúba, cariquara-negra

Família *Olacaceae*

A acariquara é uma espécie surpreendente. Em um ano ela produz uma quantidade enorme de frutos. Depois, ela pode ficar até oito anos produzindo poucos ou nenhum fruto. Além disso, sua madeira é tão resistente que chega a durar mais de um século. Tanto que, antigamente, ela era utilizada para a produção de postes para fiação elétrica.

Outra qualidade inegável do tronco, que chega a medir 90 cm de diâmentro, é seu aspecto ornamental. Ele tem cor de canela e é sulcado, o que o torna muito decorativo para compor bancos, pés de mesa, entre outros objetos. Essa características, aliadas ao porte de até 30 m da espécie, fizeram com que um exemplar de acuariquara seco e tratado se tornasse um importante elemento decorativo do Science Museum de Barcelona (Cosmo Caixa), na Espanha. Na instituição, a árvore fica acomodada na parte central do prédio e é circundada por uma rampa em espiral que segue do térreo até o quinto andar.

No Brasil, a árvore habita os terrenos argilosos e arenosos, inundados temporariamente, e as matas altas de terra firme do Amazônas, do Acre, do Amapá, de Roraima e do Pará. Mas ela também pode ser encontrada nas Guianas, no Peru, no Equador e na Nicarágua. Sua copa tem forma de cone e é composta por folhas simples, elípticas, lisas, alternas, com ápice acuminado e nervuras aparentes, de 10 cm a 16 cm de comprimento por até 6 cm de largura.

As inflorescências em forma de espiga medem até 9 cm de comprimento e surgem na parte terminal dos ramos. As flores são pequenas, cor de creme, hermafroditas e visitadas por abelhas, besouros e outros insetos que colaboram na polinização. Os frutos são drupas de cerca de 3,5 g, ovaladas, de casca fina, brilhosa, com tonalidade que varia do verde ao amarelo e roxo. Quando verdes, os frutos exsudam látex ao serem feridos ou cortados. Ao amadurecerem o látex seca. Sua polpa amarelada e adocicada é comestível, mas pouco apreciada. A semente é grande, dura e dispersada, principalmente, por roedores que encontram os frutos caídos no solo.

A florada da acariquara se inicia na época de seca e os frutos, quando surgem, amadurecem a partir de agosto. As sementes demoram cerca de 60 dias para brotar e a taxa de germinação é baixa.

Antigamente, a madeira resistente da árvore era utilizada em postes. Atualmente, ela é aproveitada para a criação de bancos ou pé de mesas

Pelo porte de 30 m e o aspecto inusitado do seu tronco, a acariquara foi escolhida para decorar um vão livre do Museu da Ciência, em Barcelona, na Espanha. Além da árvore, a instituição tem um espaço que imita o igapó da Floresta Amazônica

Foto: Ester Brayner

Um exemplar da espécie no meio da Floresta Amazônica

M

Mouriri guianensis

Muriri, goiabarana, gurguri, murta-de-parida, ururi

Família *Melastomataceae*

A família das melastomatáceas é grande, possui 47 gêneros e 487 espécies apenas na Amazônia. O muriri faz parte dela e forma agrupamentos em terrenos arenosos ou argilosos das áreas alagadas temporariamente do estado do Pará. Mas ele também habita restingas, capoeiras e savanas no Amapá, no Acre, no Mato Grosso e no Mato Grosso do Sul. Com menos frequência é encontrado no Espírito Santo, no Rio de Janeiro e em Goiás.

A árvore rústica mede entre 5 m e 10 m de altura e tem tronco de 15 cm a 35 cm de diâmetro, recoberto por casca fissurada, de cor pardacenta. Geralmente, o fuste multirramificado forma copa baixa, a menos de 1 m do solo. Ela é composta por folhas ovaladas – com o ápice acuminado – duras, lisas e com nervuras aparentes, de até 8 cm de comprimento por cerca de 3 cm de largura. A folhagem tem pecíolo de até 3 cm de comprimento e nasce oposta pelos ramos.

Na região amazônica, a florada da árvore acontece de setembro a janeiro e os frutos amadurecem de dezembro a maio. As inflorescências surgem em fascículos axilares e são formadas por muitas flores carnosas, brancas, com detalhes rosa. Os frutos em forma de baga são lisos, amarelados ou vemelhos quando maduros, de casca lisa, fácil de abrir. A polpa deles abriga até 3 sementes e é mole, avermelhada e saborosamente doce. A dispersão das sementes é efetuada por passarinhos e bichos que encontram os frutos caídos no solo. Na Amazônia, a espécie também é disseminada pela água dos rios que se formam na época de cheia.

A taxa de germinação das sementes é alta e elas demoram cerca de dois meses para brotar. O crescimento da muda no campo é lento e o cultivo deve ser feito sob sol pleno.

A espécie é indicada para paisagismo próximo a lagos.

Quando maduros, os frutos amarelos ou avermelhados têm polpa doce e saborosa. Eles amadurecem no verão e no outono

O muriri atinge no máximo 10 m de altura e apresenta flores carnosas, brancas, com detalhes rosa, entre a primavera e o verão

Um belo exemplar de murici pode ser apreciado no Jardim Botânico do Rio de Janeiro, RJ

Myroxilon peruiferum

Cabreúva-vermelha, bálsamo, bálsamo-de-tolu, pau-de-incenso, pau-de-bálsamo, óleo-cabreúva, cabreúva-amarela, cabreúva-vermelha, pau-vermelho, óleo-vermelho

Família *Leguminosae*

O bálsamo-de-tolu consta na farmacopeia alemã desde o século 17 e na farmacopeia americana foi incluído por volta de 1820. No Brasil, a espécie é citada na primeira edição da *Pharmacopeia dos Estados Unidos do Brasil* (1926), marco da literatura científica nacional, redigida por quase dez anos pelo farmacêutico Rodolfo Albino Dias da Silva e oficializada pelo governo federal pelo Decreto Lei 17.509. Isso porque a espécie expele uma resina marrom-avermelhada e aromática muito utilizada pela indústria farmacêutica na produção de expectorante – chamado de Balsamum Talutanum – de uso autorizado pela ANVISA (Agencia nacional de vigilância sanitária).

A árvore é uma espécie muito elegante, com 15 m a 25 m de altura e tronco de até 80 cm de diâmetro, de copa piramidal, larga e baixa, que proporciona uma boa área sombreada. Ela é encontrada em quase todo o Brasil, mais frequentemente na Mata Atlântica do Sudeste e do Sul; em menor quantidade na região amazônica e no Nordeste. Também está presente na Colômbia, no Peru e na Bolívia.

As folhas do bálsamo-de-tolu são compostas,

Existe um exemplar de cabreúva-vermelho imponente no Jardim Botânico de São Paulo, SP

imparipinadas, com 9 a 13 folíolos com ápice acuminado e nervuras bem desenhadas, lisos na face superior e com leve pelugem na inferior, de cerca de 10 cm de comprimento por 3 cm de largura. As flores hermafroditas se formam em panículas axilares e terminais e são pequenas, branco-amareladas, com uma espécie de capa verde e suavemente perfumadas. Os frutos, em forma de sâmara, surgem logo em seguida e ficam amarelo-pardos quando amadurecem. Eles medem cerca de 4 cm de comprimento e são muito perfumados. No Sudeste a florada ocorre entre os meses de julho e setembro e os frutos amadurecem entre outubro e novembro. Pode ocorrer grande produção de flores e frutos em um ano, e no outro poquíssima.

A espécie se propaga por sementes que demoram cerca de 30 dias para brotar. A taxa de germinação é de cerca de 50% e o crescimento da muda no campo é lento.

A espécie tem fuste ramificado desde a base que se abre em uma copa larga e elegante. Os frutos são amarelados e perfumados

Índice de nomes populares

A

Açacu	90
Açacuzeiro	90
Acari	154
Acariquara	154
Acariquara-branco	73
Acariquara-rocha	154
Acarirana	73
Acariubarana	73
Acaximba	154
Açoita-cavalo	136
Açoita-cavalo-amarelo	136
Açoita-cavalo-branco	136
Açoita-cavalo-miúdo	136
Açoita-cavalo-vermelho	136
Algodão-da-praia	88
Algodão-do-brejo	88
Algodão-do-mangue	88
Amarelinho	144
Amora-branca	144
Amora-do-mato	144
Andá-açu	116
Andá-guaçu	116
Angá	104
Angelim-amarelo	95
Angelim-comum	94
Angelim-da-mata	94
Angelim-pedra	95 / 12
Angelim-pedra-verdadeiro	95
Angelim-rajado	94
Angelim-rajado-da-mata	94
Angelim-verdadeiro	95
Angelim-vermelho	12
Angico-do-campo	128
Angico-rajado	128
Angiquinho	150
Apuí-açu	72
Aranha-gato	150
Arapani	146
Arapari	146
Arapari-da-várzea	146
Arapari-do-igapó	146
Arapari-verdadeiro	146
Arariúba	154
Árvore-da-borracha	84
Assacu	90

B

Bacuré	39
Bagona	116
Bálsamo	158
Bálsamo-de-tolu	158
Baraúna	148
Baraúna-verdadeira	148
Barbatimão-falso	11
Barrigudo	114
Baru	14
Barujo	14
Baunilha-da-amazônia	16
Bico-de-arara	36
Bico-de-papagaio	36
Boleira	116
Boleiro	116
Braúna	148
Braúna-do-campo	148
Braúna-do-mato	148
Braúna-preta	148

C

Cabiúna	8
Cabreúva-amarela	158
Cabreúva-vermelha	158
Caçamba-do-mato	126
Cacau-estrela	82
Cacau-jacaré	82
Cacau-quadrado	82
Cacaurana	82
Cacauú	82
Caixeta	10
Camacã	78
Cambará	76
Cambará-de-folha-grande	76
Cambará-do-mato	76
Candeia	28
Candeia-verdadeira	28
Candelabro	38
Canivete	36 / 37 / 39
Capa-homem	37
Caraúba	110
Cariquara-negra	154
Caroba	106 / 110
Caroba-branca	106
Caroba-do-mato	110
Caroba-manacá	110
Carobinha	112
Carobinha-do-campo	112
Carobinha-miúda	112
Carobinha-roxa	112
Carobinha-pequena	112
Castanha-de-arara	115
Castanha-sapucaia	126
Castanharana	59
Caucho	84
Caucho-do-pará	84
Caviúna	8
Caximguba	72
Cereja-do-mato	51
Cereja-do-rio-grande	51
Cerejeira	51
Chico-pires	128
Chuva-de-ouro	134
Chuva-de-ouro-do-amazonas	134
Coaximguba	72
Coco-de-purga	115
Copinho	122
Coraleira	32
Cortiça	128
Corticeira	32 / 36 / 128
Corticeira-da-serra	36
Corticeira-do-banhado	32
Cotieira	115
Crista-de-galo	32
Cuaximguba	72
Cumari	16
Cumaru	16
Cumaru-de-cheiro	16
Cumaru-do-amazonas	16
Cumaru-ferro	16

Cumaru-roxo	16
Cumaru-verdadeiro	16
Cumarurana	14
Coco-feijão	14
Cumaruzeiro	16
Cumbaru	14
Cumbuca-de-macaco	126
Cutieira	115 / 116

D
Dandá	116
Dedal	122
Dedaleiro	122

E
Embieira	78
Embira-do-mangue	88
Embira	78
Embireira	78
Embiru	78
Eritrina	30 a 43
Eritrina-candelabro	38
Espinheiro-de-cerca	150
Espinho-de-maricá	150
Estriveira	136

F
Falsa-candeia	76
Farinheira	89
Fava-d'anta	11
Fava-de-anta	11
Fava-de-tambaqui	146
Fava-folha-fina	94
Fava-mapuxiqui	11
Faveiro	11
Fícus	60 a 72
Figueira	69 / 70
Figueira-branca	64 /70
Figueira-brava	70
Figueira-da-pedra	68
Figueira-de-folha-miúda	64
Figueira-do-mato	68
Figueira-grande	69
Figueira-vermelha	66
Figueirão	68
Figueirinha	72
Flor-de-coral	32
Folha-santa	118
Fruta-de-arara	115 / 116
Fruta-de-cotia	116
Fruta-de-macaco	78

G
Gameleira	69
Gameleira-branca	69
Gameleira-grande	67
General	79
Geniparana	79
Goiabarana	156
Goiabinha-de-copacabana	50
Cambuí-amarelo-grande	50
Goiti	130
Graúna	148
Grumixama	48

Guaiti	130
Guamaca	78
Guarantã	46
Guarataia	46
Guaximguba	72
Guaxuma	88
Gurguri	156

I
Ibaíba	51
Ibatinga	136
Ibirana	148
Ibiurana	148
Inda-açu	115
Ingá	96 a 105
Ingá-achatado	105
Ingá-açu	98
Ingá-banana	104
Ingá-branco	100 / 102
Ingá-chichica	100 / 102
Ingá-chinela	98
Ingá-cipó	99
Ingá-da-praia	99 / 100 / 102
Ingá-de-flor-rosa	105
Ingá-de-macaco	99 / 100 /102
Ingá-rabo-de-mico	99
Ingá-do-brejo	104
Ingá-do-rio	104
Ingá-doce	99
Ingá-feijão	102
Ingá-ferradura	103
Ingá-grossa	98
Ingá-macarrão	99
Ingá-mirim	100 / 102
Ingá-peludo	103 / 105
Ingá-quatro-quinas	104
Ingaí	100
Itaúba	149
Itaúba-abacate	149
Itaúba-amarela	149
Itaúba-grande	149
Itaúba-preta	149
Itaúba-verdadeira	149
Ivitinga	136

J
Jacaraná-de-espinho	140
Jacarandá	143
Jacarandá-bico-de-pato	140
Jacarandá-boca-de-sapo	106
Jacarandá-cascudo	142
Jacarandá-caviúna	8
Jacarandá-da-bahia	8
Jacarandá-de-minas	106 /143
Jacarandá-do-campo	142
Jacarandá-do-cerradão	142 / 143
Jacarandá-do-mato	143
Jacarandá-paulista	143
Jacarandá-piloso	142
Jacarandá-preto	8 / 106
Jacarandá-tã	143
Jandiparana	79
Japaranduba	79
Jaracatiá	114

Silvestre Silva

Índice de nomes populares

Jataí 89
Jataí-açu 89
Jataí-grande 89
Jataíba .... 89 / 144
Jatobá 89
Jatobá-da-serra 89
Jatobá-de-caatinga 89
Jatobá-de-folha-miúda 89
Jatobá-do-cerrado 89
Jenipapo 74
Jeniparana 79
Juqui-de-cerca 150
Jurema-branca 152
Jurema-preta 152
Jutaí 89

L
Lanterneira 134
Limãorana 144
Lofantera 134
Lofantera-do-amazonas 134
Lombrigueira 72
Lorê 149
Louro-da-serra 122
Louro-itaúba 149

M
Macacarecuia 44
Maçaranduba 147
Maçaranduba-balata 147
Maçaranduba-da-terra-firme 147
Maçaranduba-de-leite 147
Maçaranduba-mansa 147
Maçaranduba-verdadeira 147
Mamão-de-veado 114
Mamãozinho-do-mato 114
Mamoeirao-de-espinho 114
Mandiocaim 10
Mandiocão 10
Mandiocaí 10
Mandioqueira 10
Mandioqueira-branca 10
Mangabeira-brava 122
Maria-preta 148
Maricá 150
Maricazeiro 150
Marmita-de-macaco 126
Marupaúba 10
Mata-pau .... 64 / 70 / 72
Matamatá 44
Matataúba 10
Morcegueira 130
Morototó 10
Muchoco 39
Mucutuba 10
Mucututu 10
Mulungu .... 36 a 42
Mulungu-coral .... 37 / 42
Mulungu-da-flor-vermelha 39
Mulungu-do-litoral 38
Muriri 156
Murta-de-parida 156
Murupá-falso 110
Mutamba 78

N
Nó-de-cachorro 122

O
Oiti 130
Oiti-da-praia 130
Oiti-mirim 130
Óleo-cabreúva 158
Óleo-vermelho 158
Orelha-de-macaco 24
Orelha-de-negro 24

P
Pacari 122
Pacari-do-mato 122
Pacuri 122
Parapará 110
Paravaúna 148
Pau-amarelo .... 58 / 144
Pau-amarelo-cetim 58
Pau-caixeta 10
Pau-cetim 58
Pau-cumaru 14
Pau-de-angu 140
Pau-de-bálsamo 158
Pau-de-bicho 78
Pau-de-candeia 28
Pau-de-canga 136
Pau-de-colher 106
Pau-de-estribo 136
Pau-de-fogo 144
Pau-de-incenso 158
Pau-de-sabão 24
Pau-de-são-josé .... 10 / 118
Pau-duro 46
Pau-fedorento 79
Pau-mandioca 10
Pau-piú 128
Pau-santo 118
Pau-vermelho 158
Pé-de-galinha 10
Periquiteira 78
Pindaíba 20
Pitanga 54
Pitanga-de-copacabana 50
Pixixica 10
Pojó 78
Purga-de-cavalo 116

Q
Quaximguba 72
Quina-da-mata 73
Quinarana 73

R
Rapariqueira 146
Rubber-tree 84

S
Saco-de-boi 118
Saco-de-gambá 136
Samauveiro 32
Sambacuim 10

164 ■ ÁRVORES NATIVAS DO BRASIL | VOLUME 2

Sanandu 36
Sananduva 32
Sapatinho-de-judeu 36
Sapucaia 126
Seibo 32
Seringa 84
Seringueira 84
Seringueira-branca 84
Seringueira-preta 84
Seringueira-rosada 84
Sucupira-do-campo 128
Suína .... 37 /39 / 42

T
Taiúva 144
Tajuva 144
Tambaré 24
Tambor 24
Tamboril 24
Tamboril-do-campo 24
Tamboril-pardo 24
Tamburé 24
Tamburiúva 24
Tataíba 144
Tatajiba 144
Tatajuba 144
Tatané 144
Taúba 144
Timbaré 24
Timbaúva 24
Timbó 24
Timbuiba 24
Timburi 24

U
Ubaia .... 52 / 53
Unha-de-gato 150
Ururi 156
Ussacu 90
Uvaia 53
Uvaieira 53
Uvalha 53
Uxi 22
Uxi-amarelo 22
Uxi-liso 22
Uxi-pucu 22
Uxi-verdadeiro 22

X
Ximbó 24

Índice de nomes científicos

D
Dalbergia nigra 8
Didymopanax morototoni 10
Dimorphandra gardneriana 11
Dinizia excelsa 12
Dipteryx alata 14
Dipteryx odorata 16
Duquetia lanceaolata 20

E
Endopleura uchi 22
Enterolobium contortisiliquum 24
Eremanthus erythropappus 28
Erythrina 30
Erythrina crista-galli 32
Erythrina falcata 36
Erythrina mulungu 37
Erythrina speciosa 38
Erythrina velutina 39
Erythrina verna 42
Eschweilera tenuifolia 44
Esenbeckia leiocarpa 46
Eugenia brasiliensis 48
Eugenia copacabanensis 50
Eugenia involucrata 51
Eugenia patrisii 52
Eugenia pyriformis 53
Eugenia uniflora 54
Euxylophora paraensis 58
Exellodendron coriaceum 59

F
Ficus 60
Ficus cestrifolia 64
Ficus citrifolia 70
Ficus clusiifolia 66
Ficus cyclophylla 67
Ficus enormis 68
Ficus gomelleira 69
Ficus guaranitica 70
Ficus pertusa 72

G
Geissospermum sericeum 73
Genipa americana 74
Gochnatia polymorpha 76
Guazuma ulmifolia 78
Gustavia augusta 79

H
Herrania mariae 82

Hevea brasiliensis 84
Hibiscus pernambucensis 88
Hymenaea courbaril 89
Hura creptans 90
Hymenolobium excelsum 94
Hymenolobium petraeum 95

I
Inga 96
Inga cinnamomea 98
Inga edulis 99
Inga laurina 100
Inga semialata 102
Inga sessilis 103
Inga vera 104
Inga vulpina 105

J
Jacaranda brasiliana 106
Jacaranda copaia 110
Jacaranda puberula 112
Jaracatia spinosa 114
Joannesia heveoides 115
Joannesia princeps 116

K
Kielmeyera variabilis 118

L
Lafoencia pacari 122
Lecythis pisonis 126
Leucochloron incuriale 128
Licania tomentosa 130
Lophantera lactescens 134
Luehea divaricate 136

M
Machaerium aculeatum 140
Machaerium opacum 142
Mahaerium villosum 143
Maclura tinctoria 144
Macrolobium acaciifolium 146
Manilkara huberi 147
Melanoxylon brauna 148
Mezilaurus itauba 149
Mimosa bimucronata 150
Mimosa tenuiflora 152
Minquatia guianensis 154
Mouriri guianensis 156
Myroxilon peruiferum 158

Glossário

A

Acícula – folha diminuta, parecida com agulha. É comum em pinheiros
Acroscópica – refere-se a inflorescências formadas por flores que se abrem sucessivamente, de baixo para cima
Acúleo – estruturas parecidas com espinhos, mas sem vascularização, que se desprendem com facilidade
Acuminado – refere-se a folhas com pontas que se afunilam abruptamente

Alada – refere-se a sementes ou frutos com projeções achatadas que funcionam como uma espécie de asa, permitindo que plainem por certa distância quando levados pelo vento
Alterna – refere-se a folhas que surgem alternadas ao longo dos ramos. Isso acontece porque cada nó de ramo só produz uma folha
Andrógena – flores com estruturas masculinas e femininas. O mesmo que hermafrodita

Anemocoria – fenômeno da dispersão de sementes pelo vento
Arilo – tecido carnoso que envolve alguns tipos de sementes
Axila – encontro entre duas estruturas, como o ramo e o pecíolo das folhas

B
Baixio – parte baixa das proximidades dos rios amazônicos, inundadas ou sujeitas a inundação
Bipinada – folha composta por folíolos que também são compostos

C
Cacho – quando flores ou frutos brotam próximos um dos outros ao longo de um eixo alongado
Caduca – designa uma planta que perde as folhas em determinada época do ano, geralmente na estação de seca
Campanulada – refere-se a flores em forma de sino
Campina – campo de solo arenoso branco com vegetação baixa
Campinarana – campo de solo recoberto por folhas e outras matérias orgânicas em decomposição, com vegetação pouco maior que a da campina
Capoeira – área com espécies que nasceram após a terra ser roçada ou queimada
Capoeirão – grandes áreas de capoeiras
Catafilo – tipo de folhas reduzidas, geralmente parecidas com escamas, que servem como reservatório de nutrientes
Cerne – parte interna do tronco da árvore
Cerrado – região árida, com longo período de estiagem e vegetação característica
Ciliar – vegetação que margeia rios, lagos e mares
Cimeira – inflorescência com uma flor no topo do eixo principal
Composta – refere-se a folhas formadas por um tipo de folhas menores, chamadas de folíolos
Coriácea – refere-se a folhas com textura de couro; secas e levemente grossas
Cordiforme – refere-se a folhas no formato de coração

D
Dioica – plantas da mesma espécie com flores masculinas e femininas em exemplares separados
Decídua – planta que perde a folha na estação desfavorável ao seu desenvolvimento, geralmente o inverno, época de seca. O mesmo que caduca
Deiscente – fruto que se abre espontaneamente quando amadurece
Digitada – refere-se a folhas com folíolos distribuídos em forma de palma
Dossel – parte da floresta formada pela copa das árvores; topo das florestas
Drupa – fruto carnoso e indeiscente, com uma única semente

E
Emergência – broto; primeira saliência na semente
Espata – tipo de folha modificada que envolve folhas ou flores
Espatulada – com o cume arredondado; em forma de espátula
Espiralado – em forma de espiral
Estróbilo – estrutura reprodutora, seca, com tipos de escamas. É comum em gimnospermas

F
Fascículo – inflorescência com duas ou três flores reduzidas, às vezes difíceis de reconhecer
Filiforme – como um fio
Fissurado – refere-se a troncos com fissuras; com rachaduras
Folículo – fruto seco que só se abre quando quebrado
Folíolo – folhas diminutas que compõem as folhas propriamente ditas
Fuste – o mesmo que tronco

G
Gimnosperma – espécies ancestrais, com sementes nuas; desprovidas de polpas e de pericarpo

H
Hidrocória – dispersão das plantas pelo leito de rios e mares e outros fluxos de água

I
Indeiscente – refere-se aos frutos que não se abrem naturalmente
Imparabinada – folhas com um único folíolo na parte oposta ao pecíolo
Igarapé – leitos que nascem na mata e deságuam em rios

L
Lanceolada – folha em forma de lança

M
Mangue – área lamacenta com árvores com raízes de escoras
Mata Atlântica – floresta tropical sujeita ao vento úmido do oceano, de vegetação heterogênea
Mata de galeria – áreas, inundáveis ou não, com vegetação de folhagem persistente, que geralmente seguem o leito da água, em locais onde não existem florestas
Melífera – que produz mel
Monospermo – diz-se dos frutos com apenas uma semente

O
Oblonga – refere-se a folhas com forma de lâmina; as bordas são paralelas e no ápice se estreitam

P
Paina – conjunto de fibras sedosas que envolvem as sementes de diversas plantas
Panícola – inflorescência formada por um eixo principal de onde brotam rancemos
Paripinada – refere-se a folhas compostas por folíolos paralelos, que terminam com um par deles
Pecíolo – pequeno eixo que prende as folhas aos ramos
Pedúnculo – o cabo da flor ou da inflorescência
Pentâmera – refere-se a flores com cinco pétalas
Pericarpo – partes que compõem o interior do fruto
Pétala – partes alongadas e, geralmente, coloridas das flores
Piloso – estrutura recoberta por pelos
Pina – segmentos ao longo de uma haste central que compõem uma folha
Pinada – folha em forma de pena, com nervuras verticais que se encontram na nervura central das folhas
Pioneira – espécie resistente que inicia a colonização de uma área
Pixídio – fruto seco que se abre no topo, como se tivesse uma tampa
Pseudofruto – parte carnuda de frutos secos, que atrai os dispersores

R
Racemo – inflorescência com flores ao longo de um eixo central
Raque – o eixo principal de folhas e flores
Restinga – área de areia ou terra que avança pelo mar

S
Sâmara – um tipo de asa dos frutos que ajuda a serem levados pelo vento. Facilita a disseminação da espécie
Sapopema – raiz aérea grande que dá sustentação a algumas árvores
Semidecídua – planta que perde parcialmente as folhas em época que não lhe favorece, geralmente o inverno
Sépala – estrutura parecida com as pétalas, mas que fica mais próxima das folhas e, em alguns casos, pode fazer a fotossíntese
Serriada – refere-se a folhas com borda que parece a lâmina de uma serra
Séssil – refere-se a frutos, flores e folhas que não têm pecíolo, se ligam diretamente nos galhos ou qualquer outro eixo
Suberoso – tronco encoberto com casca formada por células mortas, parecido com cortiça
Sulcado – tronco com marcas verticais

T
Tabuleiro – áreas planas formadas por vegetação típica de outros ecossistemas, principalmente caatinga
Tomentoso – parte da planta encoberta por pelos curtos e rígidos
Triquilia – dilatação carnosa, macia e pilosa do pecíolo das folhas

V
Valva – refere-se a frutos que se abrem em segmentos, em valvas
Vexilo – pétala que nasce acima das outras pétalas; geralmente é mais chamativa

Referências

BBACKES, Paulo; IRGANG, Bruno. Mata Atlântica – as árvores e a paisagem. Porto Alegre: Paisagem do Sul, 2004.
BRAGA, R. Plantas do Nordeste, especialmente do Ceará. Fortaleza: Esam, 1976.
BRUNO, Hernani. Equipamentos, usos e costumes da casa brasileira. Vol. 1: Alimentação. Museu da Casa Brasileira, 2000.
CARVALHO, J. E. U.; MULLER, C. H.; NASCIMENTO, W. M. O. Classificação de sementes de espécies frutíferas nativas da Amazônia de acordo com o comportamento no armazenamento. Comunicado Técnico 60. Belém: Embrapa CPATU, 2001.
CAVALCANTE, P. B. Frutas comestíveis da Amazônia. Vols. I, II, III, Belém: MPEG, 1979.
CORRÊA, M. P. Dicionário de plantas úteis. 6 vols. Rio de Janeiro: IBDF, 1975.
CUNHA, Euclides da. Os Sertões. 9ª edição. São Paulo: Cultrix, 1993.
DANIEL, João. Tesouro descoberto no máximo Rio Amazonas. Vol. 1. Rio de Janeiro: Contraponto, 2004.
FERREIRA, Gracialda Costa; HOPKINS, Michael J. G. Manual de identificação botânica e anatômica – angelim. Belém: Embrapa Amazônia Oriental, 2004.
GONÇALVES, Eduardo Gomes; LORENZI, Harri. Morfologia vegetal. 2ª edição. Instituto Plantarum de Estudos da Flora, 2011.
HOENE, F.C. Frutas indígenas. São Paulo: Instituto de Botânica de São Paulo, 1979.
JOLY, A. B. Botânica – Introdução à taxonomia vegetal. São Paulo: Nacional, 1985.
LORENZI, Harri. Árvores brasileiras: manual de identificação e cultivo de plantas arbóreas nativas do Brasil. 3 vols. São Paulo: Plantarum, 1998.
_____ et al. Frutas brasileiras exóticas cultivadas. São Paulo: Instituto Plantarum de Estudos da Flora, 2006.
LOUREIRO, A. A. et al. Essências madeireiras da Amazônia. 2 vols. Manaus: Inpa, 1979.
MAIA, Gerda Nickel. Caatinga: árvores e arbustos e suas utilidades. Fortaleza: D&Z, 2004.
MENDONÇA, Miriam Pimentel. Guia ilustrado de árvores da Mata Atlântica de Minas Gerais. São Paulo: Empresa das Artes, 2008.
OLIVEIRA, Alexandre Adalardo; DALLY, Douglas C. Coordenação: Draúzio Varell. Florestas do Rio Negro. São Paulo: Companhia das Letras: Unip, 2001.
PESCE, C. Oleaginosas da Amazônia. Belém: Oficina Gráfica da Revista Veterinária, 1941.
POTT, A.; POTT V. J. Plantas do Pantanal. Corumbá (MT): Centro de Pesquisa Agropecuária do Pantanal, Embrapa-SPI, 1994.
RIBEIRO DA SILVA, J. E. L. et al. Flora da Reserva Ducke: Guia de identificação das plantas vasculares de uma reserva de terra firme na Amazônia. Manaus: INPA/DFID 1999.
RIBEIRO, J. F. et al. Cerrado: ecologia e flora. Brasília: Embrapa Publicações, 2008.
SEMIRAMIS, Pedrosa de Almeida et al. Cerrado. Brasília: Embrapa, 1998.
SILVA, Silvestre. Frutas da Amazônia brasileira. Revisão científica: José Edmar Urano de Carvalho. São Paulo: Metalivros, 2011.
_____. Árvores da Amazônia. Texto: Noemi Vianna Martins Leão. São Paulo: Empresa das Artes, 2006.
SOUZA, M. H. Madeiras tropicais brasileiras. Brasília: Ibama, 1997.
VIEIRA, Roberto Fontes et al. Frutas nativas da Região Centro-Oeste. Brasília: Embrapa Publicações, 2010.
ZOGBI, Maria das Graças Bichara. Aroma de flores da Amazônia. Belém: Museu Paraense Emilio Goeldi, 2000.

Agradecimentos

Ailton Andrade, Alberico Azevedo, Alexandre Soares, Carlos A. Cid Ferreira, Christianne Muller, Claudionor Rosa de Oliveira (Nôzinho), Danilo Angrimani, Dora Dimand, Domingos Sanches Pena, Edla Azevedo, Eliane Azevedo, Elizabeth Azevedo Andrade, Francisco Leitão, Gisela Pelissari, José Fonseca (Juca), José Edmar Urano de Carvalho, José Raimundo de Pina, Jussara Angrimani, Manoel de Souza, Maria Luiza de Azevedo, Marlene da Silva Oliveira, Rosângela Azevedo, Sandro Coutinho, Thaysa Coutinho, Teresa Fonseca de Pina.

Embrapa Amazônia Ocidental (Manaus - AM)
Embrapa Amazônia Oriental (Belém - PA)
Embrapa Cerrados (Planaltina - DF)
Embrapa dos Tabuleiros Costeiros (Aracaju - SE)
Embrapa Florestas (Colombo - PR)
Embrapa Recursos Genéticos e Biotecnologia (Brasília - DF)
ESALQ/USP Escola Superior de Agricultura Luiz de Queiroz (Piracicaba - SP)
FAPEAM-Fundação de Amparo à Pesquisa do Estado do Amazonas
Fazenda Citra Dierberger (Limeira - SP)
IBF-Instituto Brasileiro de Florestas
INPA – Instituto Nacional de Pesquisas da Amazônia (Manaus AM)
Instituto de Botânica de São Paulo/Reserva Biológica de Mogi Guaçu - SP
Instituto de Manejo e Certificação Florestal-IMAFLORA
Instituto Oikos de Agroecologia – (Lorena - SP)
IPEF – Instituto de Pesquisas e Estudos Florestais (Piracicaba - SP)
Jardim Botânico Adolfo Ducke (Manaus - AM)
Jardim Botânico do Instituto Agronômico de Campinas (Campinas - SP)
Jardim Botânico-Instituto Inhotim (Brumadinho - MG)
Jardim Botânico de São Paulo (São Paulo - SP)
Jardim Botânico do Rio de Janeiro (Rio de Janeiro - RJ)
Museu Paraense Emilio Goeldi (Belém - PA)
Parque Villa-Lobos – Secretaria do Meio Ambiente do Governo do Estado de São Paulo
Rede de Sementes da Amazônia/ Rede de Sementes do cerrado
Revista Terra da Gente - Grupo EPTV (Campinas - SP)
USP - Universidade de São Paulo (São Paulo - SP)

Este livro é dedicado à Valentina Campos Marchi, minha neta.

Para Andréa Gomes, minha esposa.